LES IVIFVES,

TRAGEDIE DE ROBERT GARNIER

CONSEILLER DV ROY ET de Monseigneur frere vnique de sa Maiesté, Lieutenant general Criminel au siege Presidial & Senechaussee du Maine.

A PARIS,

Par Mamert Patisson Imprimeur du Roy, chez Robert Estienne.

M. D. LXXXIII.

Auec priuilege.

A MONSEIGNEVR
DE IOYEVSE DVC ET
Pair de France.

E m'eſtois reſolu, Monſeigneur, de quitter l'ingrat & laborieux exercice des Muſes, où ie ne me ſuis que trop inutilemēt esbatu : mais eſtant ſur le poinct de prendre congé, ie me ſuis aduiſé que deux choſes principalement me reſtoyent: de chanter quelque cas de noſtre Dieu, digne d'vn homme Chreſtien, & de vous preſenter de mes vers, cōme à celuy qui leur eſt reuerable par ſus

tous. Dequoy ie me semble estre aucunement aquitté par le sujet & addresse de ceste Tragedie. Car tout ainsi que c'est vn discours Chrestien & religieux, il s'est conuenablement addressé à vous, Monseigneur, qui l'estes autant ou plus que nul autre de ce Royaume. Et de verité i'eusse autrement craint d'estre iustement repris d'Apollon & des Muses mesmes, si entre tous ceux qui se sont efforcez de monter sur leurs saints coupeaux, i'estois seul n'honorant vostre vertu, & ne reconnoissant la cõtinuelle bienvueillãce qu'ils reçoiuent de vous leur vnique Mecene. Car combien que, ou par l'infelicité du siecle, ou par defaut de merites, ou par vn malheur particulier, les peines que i'ay prises à caresser les Muſes, m'ayẽt eſté autant infructueuſes iuſques icy que les aſſidus & deſagreables labeurs de ma vacation: Si veux-ie, Monſeigneur, vous regracier des bienfaits que les lettres reçoiuent iournellemẽt de vous, comme ſi i'eſtois du nõbre des mieux fortunez, & vous en demeurer autant redeuable que l'vn d'iceux. Or vous ay-ie icy repreſenté les souſpirables calamitez d'vn peuple, qui a comme nous abandonné ſon Dieu. C'eſt vn ſujet auſſi peu delectable, qu'il eſt de bonne & ſainte edificatiõ. Vous y voyez le chaſtiment d'vn Prince iſſu de l'ancienne race de Dauid, pour ſon infidelité & rebellion contre ſon ſuperieur: Et voyez auſſi l'horrible cruauté d'vn Roy barbare vers celuy qui battu de la fortune, eſt tombé en ses mains par vn seuere iugement de Dieu. La prerogatiue que la verité prend sur la mensonge, l'histoire sur la fable, vn sujet & discours sacré sur vn profane, m'induit à croire que ce Traitté pourra preceller les autres, & moins desagreer à sa Maiesté, s'il luy plaist l'honorer de sa veue, luy estant dedié en general auec les precedens, tout ainsi que ie vous le viens particulierement vouer & presenter. C'est peu de chose, à vray-dire, & le reconnois ainsi: mais c'est tout ce que ie vous puis donner de tesmoignage du respect & obeissance que ie vous porte, & de l'humble subiection que ie dois à sa maiesté. En cela ie me cõfie, Mõseigneur, asseuré que l'affectiõ de l'autheur

tiendra lieu de recommandation
de son œuure, & le garantira de
contemnement.

Vostre tres-affectionné
seruiteur ROBERT
GARNIER.

AD ROBERTVM GARNIERIVM
RERVM CAPITALIVM PRAEFECTVM
Cœnomanis, Petrus Amyus ibidem
Cos. Mag.

Qvam Cirrha procul, & cantatis Phocidos
 antris,
 Quam Cælo, Garniere, remoto
Castaliæ pereunt duce te volitare Camœnæ.
 En qua fœcundo rigat amne
Nilus arenosi sitientia rura Canopi,
 Quaque Palestinæ recutitis
Palmæ frondosas sociarunt gentibus vmbras,
 Te obseruant, tua signa sequuntur.
Hæc passis, illa in nodum religata capillos:
 Et cinctæ omnes tempora myrto,
Suspensæque lyras humero, mirantur & ardent
 Quos pergis, sua mella, labores.
Illa alias inter quæ te almo sydere natum
 Fouit Melpomene, anxia rerum
Quicquam adolere nouarum operi nouo, At
 vnde, ait, aut quid?
 Dum Thesidem, dum Astyanacta,
Relliquias Troiæ, dum ciuica bella Quiritum,
 Ternis exantlata duellis
Terno complexus dedit expallere theatro,
 Nos illi pulchra omnia, opumque
Addidimus, quantū ex adytis Heliconis opimis
 Mortales ditescere fas est.
Quid superest? Quid nō dictū illi? Nō sibi solus
 Iam ipse est, qui se comparet ipsi?

Est humana tenus quo sese audacia fundat,
  Vana aliquid supra meditari:
Est lex quatenus immortales vatibus adsunt,
  Vltra quam conata, refringit
Qui Lycios regnat saltus, Delum Pataramque
  Cynthius & Thymbreus Apollo.
Subsistit paulum, & mox mutato altera vultu,
  At si, inquit, nihil amplius illi
Defluit vnde potest reliquis, si nostra, Sorores.
  Illum aduorsum copia friget,
I proprijs pollens numeris, I te tibi Teucro,
  Teque ipso, Garniere, beatus
Aude securus quicquid lubet, ardua pennæ
  Numina prome tuæ: Ecce Sionem
Spóte subit, Libanique intósa cacumina cedros
  Parnassus bifida arce biuertex:
Aude hic quod paueant Reges, atrocia Iudæ
  Fata, & lamentabile regnum
Sedeciæ, prolemque neci afflictâ, ante caduci
  Lumina mox peritura parentis.
Te labor iste manet postremus, inhospita edaci
  Quem senio expectant loca, vbi inter
Æternas spirant lauros cecinisse peritæ
  Threissæ Smyrnææque Camænæ.

A.v.

Argument de la Tragedie des Iuifues.

Nabuchodonosor Roy des Assyriens ayant ordōné Sedecie Roy de Ierusalem au lieu de Ioachim son nepueu, apres qu'il luy eust iuré la foy de luy estre tousiours bon & loyal vassal, & de ne prēdre iamais l'alliāce & cōfederation du Roy d'Ægypte son ennemy, fut neuf ans apres contraint de luy faire guerre pour auoir faulsé sa foy, prenant le party de Nechun Roy d'Ægypte, & auoir son peuple reuolté contre luy. A ceste cause il mist aux chāps vne tresforte armee, auec laquelle il brusla & saccagea le pays de Iudee, & mist le siege deuant Ierusalem capitale de la prouince. Dequoy l'Ægyptien aduerti marcha incontinēt auec ses forces pour le cōtraindre de leuer le siege ou de venir au cōbat. Mais Nabuchodonosor pour le preuenir leue incontinent les enseignes, & le va rencontrer sur le chemin, où il le combat & met son armee en pieces, auec grand carnage & mortalité de ses gens: puis retourne camper deuant Ierusalem, qu'il fait battre plus furieusement qu'auparauant. Le siege dura dixhuict mois entiers: pendant lequel il se retira auec sa cour en la ville de Reblate, qui est Antioche de Syrie, relaissant la charge de l'armee à Nabuzardan & autres vaillans Capitaines : lesquels serrerent les assiegez de si pres que tous moyens de recouurer viures leur estans ostez, ils furent incontinent reduits en tresgrande destresse & necessité, mourans iournellement de faim. En fin cōme ils estoyent fort debilitez de courage & amoindris de nombre, leur est dōné vn roide & furieux assault sur la minuict, qu'ils ne peurent soustenir, & fut la ville emportee de viue force. La cruauté fut extreme tant enuers les hommes qu'edifices. Le temple fut pillé & embrasé, la ville mise à feu & à sang, & grand nōbre de seigneurs & autres du populaire emmenez pour esclaues. Sedecie informé de ce desastre sort hastiuement auec sa mere, femmes, enfans, & aucuns de ses amys par vne porte secrette, & prend le chemin des montaignes, où il est poursuiui par quelques gens de cheual, qui l'acconceurent aux campagnes de Ierico, le prindrent & lierent, & le menerent auec toute sa maison en Antioche, où il fut presenté au Roy Nabuchodonosor. Lequel apres luy auoir reproché en grande cholere son ingratitude & desloyauté, fist en sa presence esgorger ses enfans, & decapiter le grand Pontife auec les principaux seigneurs de Ierusalem : puis il luy fist creuer les yeux. Ce fait l'enuoya chargé de pesantes chaisnes en Babylon, où il finist depuis miserablement ses iours. Ce suiet est pris des 24, & 25 chapitres du 4 liure des Roys, du 36 chapitre du 2 liure des Chroniques, & du 29 de

A.vi.

Ieremie, & plus amplement traitté par Iosephe au 9 & 10 chapitres du 10 des Antiquitez.

Entreparleurs.

Le Prophete.
Nabuchodonosor, Roy d'Assyrie.
Nabusardan, Lieutenant general en l'armee.
Amital, mere de Sedecie.
Les Roynes femmes de Sedecie.
La Royne femme de Nabuchodonosor.
La Gouuernante de la Royne.
Sedecie, Roy de Ierusalem.
Sarree, grand Pontife.
Le Preuost de l'hostel de Nabuchodonosor.
Le Chœur des Iuifues.

LES IVIFVES,
TRAGEDIE.

ACTE I.

Le Prophete.

Vsques à quand, Seigneur, épandras-tu ton ire?
Iusqu'à quand voudras-tu ton peuple aimé détruire,
L'infortuné Iuda, que tu as tant cheri,
Que tu as quarante ans par les deserts nourri,
Comme vn enfant tendret que sa nourrice allaitte,
Et ores en rigueur ta dure main le traitte?

O seigneur nostre Dieu, ramolli ton courroux,
Rasserene ton œil, sois pitoyable & doux,
Nous t'auons offensé de crimes execrables
Et connoissons combien nous sommes punissables
Mais las! pardonne nous, nous te crions merci,
Si nous auons peché, nous repentons aussi.

Souuienne toy d'Isac & de Iacob nos peres,
A qui tu as promis des terres étrangeres
Auec posterité, qui s'ecroistre deuoit
Comme vn sable infini qu'aux riuages on voit:

A.vij.

LES IVIFVES,

Ne vueille de la terre effacer leur memoire.
Qui t'inuoqueroit plus ? qui chanteroit ta gloire?
Qui te sacrifieroit ? qui de tous les mortels
Se viendroit plus ietter au pié de tes autels?
 Seroit-ce le Medois ? seroit-ce l'Ammonite?
Las! seroit-ce celuy qui en Cedar habite?
O seigneur ô seigneur, vueille prendre pitié
D'Israel ton enfant durement chatié.
Tu l'aurois vainement eleué sur la terre,
Vainement defendu de ses voisins en guerre,
Pourneant arraché le fardeau de son dos,
Et conduit à pié sec par le milieu des flots,
Qui pour luy donner voye en deux parts se fendirent,
Et, comme bouleuars, par les flancs le couurirent.
 En vain, helas! en vain tu l'aurois tous les iours
Repeu de sainte manne aux sauuages détours
De l'austere Arabie, & sa soif estanchee
De l'onde iaillissant d'vne roche touchee:
Tu l'aurois pourneant par ses deserts conduit
Sous vn nuau de iour & sous vn feu de nuit,
Prenant de son salut solicitude telle,
Qu'on a de conseruer de ses yeux la prunelle:
Si ores, l'ayant fait nombreux multiplier,
En son aduersité tu le viens oublier:
Tu le liures captif entre les mains profanes,
Et le vas confiner aux terres Caldeanes.
 O peuple malheureux! peuple cent fois maudit
Tu sçais bien que i'auois tes desastres predit!
Que i'auois annoncé du grand Dieu la menace,
A fin qu'humilié deuant sa digne face
Le peusses reconnoistre, & qu'à force de pleurs,

De ieuſnes & de cris preuinſes tes malheurs!
Mais tu as mepriſé ces menaces prophetes,
Et m'as voulu meurtrir pour te les auoir faites,
Ton cœur obſtiné fut & tes ſens endurcis:
Auſſi es-tu butin d'vn peuple incirconcis
Qui a mis au couteau la plus part de tes freres,
Arraché tes enfans du giron de leurs meres,
Tes femmes violé, le ſaint temple polu,
Ses ioyaux mis en proye au ſoldat diſſolu,
Qui les a teint de ſang, & fait du ſanctuaire,
Naguiere inuiolable, vn tombeau mortuaire.
Le poil m'en dreſſe au chef, i'en friſſonne d'horreur,
Ce triſte ſouuenir me remet en fureur.
 Hà chetiue Sion, iadis ſi floriſſante,
Tu ſens ores de Dieu la dextre puniſſante!
L'onde de Siloé court ſanglante, & le mur
De tes tours eſt briſé par les armes d'Aſſur:
Ton terroir plantureux n'eſt plus que ſolitude,
Tu vas languir captiue en triſte ſeruitude.
 Helas! voyla que c'eſt d'offenſer l'Eternel,
Qui te portoit, Sion, vn amour paternel:
Tu as laiſſé ſa voye, & d'vne ame rebelle
Preferé les faux Dieux qu'adore l'Infidelle.
Ingrate nation, tu as ſur les hauts lieux
Oſé ſacrifier à la Royne des Cieux,
Luy conſacrer des bois, tu as d'argile molle
Poitrie entre tes mains façonné mainte Idole,
Que tu as adoree, (abominable fait!)
Immolant à vn Dieu, que toy meſme t'es fait.
 Il a des yeux ouuerts, toutefois n'en voit goutte,
Des oreilles il a & ſi point il n'écoute,

On luy voit vne bouche,& ne sçauroit parler,
Il a double narine & ne respire l'air,
Ses mains sans maniment luy pendent inutiles,
Et ses pieds sans marcher sont plantez immobiles.
Semblables soyent ceux-la qui tels Dieux vont suiuãt
Au lieu de l'Eternel, de nostre Dieu viuant,
Qui a fait ciel & terre, & qui ialoux n'endure
De voir l'homme incliner deuant sa creature.
Retourne toy vers luy, peuple sautier, à fin
Qu'à tes calamitez il mette quelque fin,
Amande amande toy, ieusne, pleure, souspire,
A fin que de ton dos ses glaiues il retire.

Chœur.

Pourquoy Dieu, qui nous as faits
D'vne nature imparfaits,
Et pecheurs comme nous sommes,
S'irrite si griefuement
Du mal que iournellement
Commettent les pauures hommes?
„ Si tost que nous sommes nez
„ Nous y sommes adonnez:
„ Nostre ame, bien que diuine
„ Et pure de tout mesfait,
„ Entrant dans vn corps infet
„ Auec luy se contamine.
„ Nul ne se peut empescher
„ En ce monde de pecher.
„ Tant est nostre humaine race
„ Encline à se deuoyer,
„ Si Dieu ne vient deployer

TRAGEDIE. 9

« Sur nous sa diuine grace.
Deslors qu'au verger d'Eden
   Il crea le pere Adam,
   De la terre sa naissance,
   Et que de son gras limon
   De l'homme fut prins le nom
   Comme auoit esté l'essence:
Le peché, qui dans les os
   Du Serpent couuoit enclos,
   Se glissa par vne pomme
   Dans le credule cerueau
   D'Eue, épreinte de nouueau
   Des costes du premier homme.
Si tost ce poison ne fut
   Dedans son oreille chut,
   Qu'il s'épandit en son ame,
   Et qu'Adam, qui le sentit,
   Aussi tost se repentit
   De la faulte de sa femme.
Il estoit en ce beau lieu
   Ainsi qu'vn terrestre Dieu,
   Commandant aux creatures,
   Qui voloyent & qui nageoyent,
   Qui dans les plaines logeoyent
   Et dans les forests obscures.
Il foisonnoit en tout bien,
   Il n'auoit souci de rien,
   La terre toute benigne
   Sans le dur coutre souffrir,
   Venoit tous les iours offrir
   Les thresors de sa poitrine.

LES IVIFVES,

Ses prez estoyent tousiours vers,
   Ses arbres de fruits couuers,
   Et ses iardins de fleurettes,
   Zephyre éuentoit le ciel,
   Des chesnes couloit le miel
   Sans artifice d'Auettes.
L'orgueilleuse ambition,
   Ny l'auare passion,
   La haine & l'amour encore,
   L'esperance, ny la peur,
   Ne luy gesnoyent point le cœur,
   Comme elles nous gesnent ore.
Mais si tost qu'il fut taché
   De la bourbe de peché,
   Dieu le banit de sa veue,
   Ses enfans furent maudits,
   Luy chassé de Paradis
   Auec sa femme deceue.
Depuis, sa posterité
   N'a commis qu'iniquité,
   Le frere meurtrit le frere:
   Si bien que Dieu se fâchant
   D'vn animal si mechant,
   Resolut de le defaire.
Il fist regorger les eaux
   Des fleuues & des ruisseaux,
   Il enfla la mer bruyante,
   Le ciel si longuement pleut,
   Que toute son onde cheut
   Dessur la terre ondoyante.
Lors cet Element moiteux

TRAGEDIE.

Couvrit les monts raboteux
De quinze humides coudees:
Les Pins, qui croissent si hauts,
Ne peurent attaindre egaux
A la hauteur des ondees.
Aussi tout perit dedans,
Fors ceux qui eurent, prudens,
L'arche de Dieu pour refuge:
Mais ores, que les forfaits
Sont plus nombreux que iamais,
Ie crains vn autre deluge.

ACTE II.

Nabuchodonosor. Nabuzardan, son Lieutenant general.

Nabuch.

Pareil aux Dieux ie marche, & depuis le réueil
Du Soleil blondissant iusques à son sommeil,
Nul ne se parangonne à ma grandeur Royale,
En puissance & en biens Iupiter seul m'egale:
Et encores n'estoit qu'il commande immortel,
Qu'il tient vn foudre en main dont le coup est mortel,
Que sõ thrône est plus haut, & qu'on ne le peut ioindre,
Quelque grãd Dieu qu'il soit, ie ne serois pas moindre.
Il commande aux éclairs, aux tonnerres, aux vents,
Aux gresles, aux frimats, & aux astres mouuans,
Insensibles suiets : moy ie commande aux hommes,
Ie suis l'vnique Dieu de la terre où nous sommes.
S'il est, quand il demarche, armé de tourbillons,
Ie suis enuironné de mille bataillons

De soudars indomtez, dont les armes luisantes
Comme soudains éclairs, brillent etincelantes.
Tous les peuples du monde ou sont de moy suietz,
Ou Nature les a delà les mers logez.
L'Aquilon, le Midy, l'Orient ie possede,
Le Parthe m'obeist, le Persan & le Mede,
Les Bactres, les Indois, & cet Hebrieu cuidoit,
Rebelle, s'affranchir du tribut qu'il me doit.
Mais il a tout soudain esprouué ma puissance,
Et receu le guerdon de son outrecuidance.
„ L. Celuy qui entreprend d'estre plus qu'il ne peut,
„ Souuent trompé d'espoir dechet plus qu'il ne veut.
N. Ce braue me pensoit si failli de courage,
De souffrir m'estre fait vn si vilain outrage,
Et ne m'en ressentir, n'auoir point la raison
D'vne si detestable & lasche trahison.
Mais deuant que le iour ait sa course finie,
Ie iure qu'il verra sa lascheté punie.
S'esleuer contre moy? se distraire de moy?
Contre ma volonté se penser faire Roy?
C'est faire proprement aux Estoiles la guerre,
C'est vouloir arracher de Iupin le tonnerre.
L. Il est assez puny de son ambition.
N. Ie luy veux bien donner autre punition.
L. A vn Roy? que peut-il endurer d'auantage
Que de se voir reduit en si honteux seruage?
Que de se voir priuer de son sceptre ancien?
Que d'auoir tout perdu? que de Roy n'estre rien?
N. Pour cela n'est encor ma vengence assouuie.
L. Et que voulez-vous plus? N. Ie veux auoir sa vie.
„ L. Le voulez-vous meurtrir? N. Qui tiet so ennemy

TRAGEDIE.

» Et ne le meurtrist point, n'est vengé qu'à demy.
L. Au contraire, en sa mort il pert toute vengeance.
» Car l'ennemy qui meurt sort de nostre puissance.
N. Le laisseroy-ie viure estant sous mon pouuoir?
L. Vous l'y deuez cotraindre or qu'il n'en eust vouloir.
N. Celuy que ie hay tant contraindroy-ie de viure?
L. Ouy, de peur que la mort de vos mains le deliure.
La mort l'affranchira de ses tourmens cruels,
Qui luy seroyent viuant, trespas continuels.
» Ce n'est rien de mourir: la mort, tant soit amere,
» N'est aux calamiteux qu'vne peine legere:
» Elle ferme la porte à tous maux douloureux,
» Et purge de malheur les hommes malheureux.
N. Pourquoy s'il souffre tant à secours ne l'appelle?
L. C'est par faute de cœur qu'il ne recourt à elle,
La redoutant sans cause, & pourroit estre aussi
Qu'il se nourrist d'espoir que luy ferez merci.
N. A vn tel desloyal? qui s'est ioint d'alliance
Auec mon ennemy pour me faire nuisance?
Qui s'est ingratement eleué contre moy,
Pour loyer de l'auoir de son peuple fait Roy?
Il l'a bien merité: par le Soleil ie iure,
Que si mon propre enfant m'auoit fait telle iniure,
Mes peuples rebellant qui luy seroyent commis,
Pour se bander contraire auec mes ennemis,
» Ie le ferois mourir. Tous crimes on pardonne
» Fors celuy seulement qui touche à la couronne.
» L. C'est nourrir vn rebelle auecque de l'appas,
» Qu'en supporter le crime, & ne le punir pas.
N. Chacun entreprendroit pareille felonnie
Si celle de ce Roy demeuroit impunie.

Ie ne serois plus craint, on m'auroit à mepris
S'asseurant vn chascun de n'en estre repris,
„ L. Tout Prince doit au crime attacher le supplice,
„ Et de ses bons suiets guerdonner le seruice:
„ A fin qu'on soit à bien incité par bienfait,
„ Et par peines démeu de commettre vn mesfait.
N. I'en feray tout ainsi. L. Mais gardez-vous de faire
Que la punition excede le salaire.
„ Tousiours vn Roy doit estre au chastiment tardif,
„ Mais à faire du bien se montrer excessif.
N. Le seruice des miens soigneux ie remunere.
L. Mais gardez qu'à punir vous gaigne le cholere.
Soyez y retenu, si que la cruauté
Ne puisse donner tache à vostre royauté.
„ Iamais homme cruel n'eut l'ame magnanime.
„ N. Si vn Roy n'est seuere on n'en fait point d'estime.
„ L. On l'est tousiours assez : vn Monarque irrité
„ A tousiours, se vengeant, trop de seuerité.
„ L'on ne voit à grand peine homme qui s'y tempere,
„ S'il n'est par trop vengé, c'est qu'il ne le peut faire.
„ Mais vn Roy qui peut tout, n'a qu'à se retenir,
„ Si quelcun l'a fasché, de ne le trop punir.
Que de ce Roy la faute inhumain ne vous rende.
„ N. En vn crime si grand doit la peine estre grande.
L. Le supplice au delit ne vueillez mesurer.
N. Voudriez-vous que i'allasse vn tel crime endurer?
L. Non, mais que son estat a pitié vous incite.
N. Pour estre Roy, sa faute est-elle plus petite?
L. Non pas, mais il merite vn moindre chastiment.
„ N. Ce sõt les grãds qu'on doit punir plus griefuemẽt.

TRAGEDIE.

Chœur.

HElas ce n'est pas de ceste heure,
Hé ce n'est pas de ce iourdhuy,
Que tu es cause que ie pleure,
Et que ie sanglotte d'ennuy,
Egypte! las tu vois en cendre
Nostre lamentable Cité,
Pour vouloir ton party defendre
Trebucher en captiuité.
Tu vois nostre infortuné Prince
Sous le faix de ses fers ployer,
Et nostre fertile Prouince
Reduitte en deserts larmoyer:
Tu en es cause: ceste guerre
N'a prins fondement que de toy,
Tout le malheur qui nous atterre
N'est que pour te garder la foy.
Que maudit soit ton voisinage,
Mauditte soit ton amitié,
Que sur ton pestilent riuage
N'eussions-nous iamais mis le pié,
Et iamais Iacob nostre ancestre
N'y fust pour la faim euiter,
Auecques sa troupe champestre
Allé de Canan habiter.
Ce fut là, que sa race folle
Offensa Dieu premierement,
Adorant le bois d'vne Idole
Pour le grand Dieu du firmament:
Le Dieu que nos antiques Peres

Auoyent seul tousiours inuoqué,
Non ces Idoles estrangeres,
Dont chacun d'eux se fust moqué.
„ *C'est vn poison opiniastre,*
„ *Qui depuis qu'il s'est encharné,*
„ *Ne sçauroit d'vne ame idolatre*
„ *Estre iamais deraciné:*
„ *Encores que le Dieu celeste,*
„ *De l'honneur qu'on luy doit ialoux,*
„ *Entre toute chose deteste*
„ *Ce crime, execrable sur tous.*
Quand il nous eut, à main puissante
Tirez de ton seruage dur,
Que la mer eut, obeissante,
Fait de ses eaux vn double mur,
Decouurant sa deserte arene,
Pour nous donner passage seur,
Ainsi qu'au trauers d'vne plaine,
Contre l'ennemy pourchasseur:
Que la manne il nous eut donnee,
Qu'il nous eut ressasiez d'eau,
Couuers d'vn nuau la iournee,
Et guidez la nuit d'vn flambeau:
Toutefois pleins d'ingratitude
Apres tant de miracles saints,
Nous appliquasmes nostre estude
A forger vn Dieu de nos mains.
Le peuple, qui l'Idole vaine
Moula, fondit & burina,
D'vne reuerance vilaine
Vers elle son chef inclina,

Et de

Et de mainte folastre dance,
Auec la fleute & le tabour,
Epris de sotte esiouissance
Alla caroler tout autour.
Il dressa des banquets publiques
Dessous le Veau deïfié
Des holocaustes pacifiques
Qu'il luy auoit sacrifié.
Voyla (ce disoyent les vieux Peres)
Nostre Dieu, peuple, nostre Dieu,
Qui nous a par les eaux ameres
D'Egypte, conduits en ce lieu.
Mais l'Eternel, qui de la nuë
Ces voix de blaspheme entendit,
Eut l'ame de cholere émeuë,
Et son bras vengeur étendit:
Si que, sans les pleurs de Moyse,
Qui appaiserent son courroux,
Sa fureur, iustement eprise,
Nous eust dés l'heure abysmez tous.

Amital. Les Roynes. Le Chœur des Iuifues.

Amit.

Tous les cuisants malheurs qui sur nos chefs deualent,
Et deualerent onc, mes encombres n'égalent.
Ie suis le malheur mesme, & ne puis las! ne puis
Souffrir plus que ie souffre en mon ame d'ennuis.
Mais mon plus grief tourment est ma vie obstinee,
Que les desastres n'ont my les ans terminee.

B.i.

Ie vy pour mon martyre : helas ! ciel endurci
Quand seras-tu lassé de me gesner ici?
Ne m'auras-tu fait naistre en ce monde immortelle,
A fin que ma douleur me tenaille eternelle?
O cruelle influence ! ô mechef ! ô destin!
Quand veux-tu m'infecter de ton dernier venin?
Ne viendra point le iour que mes langueurs ie noye
Dans vn sombre tombeau, faite des vers la proye?
Helas ! ie croy que non, il y a trop long temps
Qu'en vain ie le reclame, & qu'en vain ie l'attens.
Non, il ne viendra point, ma peine est perdurable,
La mort pronte au secours ne m'est point secourable,
Elle me fuit, peureuse, & n'ose m'approcher,
Son dard, qui ne craint rien, a peur de me toucher.
Elle craint les malheurs où ie languis confite,
Ou pense qu'immortelle en ce monde i'habite,
Que i'y erre à iamais, m'ayant l'ire de Dieu,
Comme dans vn enfer, confinee en ce lieu.
Dieu du Ciel, Dieu d'Aron mets fin à ma misere,
Arrache moy, mon Dieu, de cette vie amere.
Ch. Royne mere des Rois du desastreux Sion,
Ores nostre compagne en dure affliction,
Souspirez, larmoyez nos cruels infortunes,
Et comme ils sont communs, soyent nos larmes cõmunes.
A. Mes yeux n'ont point seché depuis le iour maudit
Que le Roy mon espoux la bataille perdit
Au champ de Magedon, & qu'vne errante fleche
Fist dedans sa poitrine vne mortelle breche,
Que ses troupes, pleurant autour du char saigneux,
Mourable en son palais le conduirent soigneux,
Las ! pauure ie le vey, comme son ame chere

Se delioit du corps, & s'enuoloit legere!
Il me tendit la main, que ie baisay cent fois,
Poussant mille sanglots qui m'estoupoyent la voix,
Si qu'etreinte de mal, ie ne luy peux rien dire,
Sinon entre mes dents son desastre maudire,
Accuser son destin, & forcenant d'ennuy,
Me desirer sans cesse un mesme sort que luy.
Ce pendant ses deux yeux en la nuit se plongerent,
Le pouls luy defaillit, les membres luy gelerent,
Et lors, comme en fureur (ie meurs y repensant)
I'allay contre mon chef mes deux mains elançant,
Ie m'esclatay de cris à sa bouche colee,
Et les restes serrant de son ame enuolee.
Depuis ie n'eus que mal, & les aduersitez
Ont sans cesse depuis mes vieux ans agitez.
Ch. Las sa mort fut la nostre, & depuis, les miseres,
Renaissant coup sur coup, nous furent ordinaires.
Auec luy le Royaume eut vn mesme trespas:
Car nous vismes soudain les fers de Ioachas,
Vostre chetif enfant, que l'Egypte infidelle
De fraudes abusé, tient encores chez elle.
A. Pauure Prince & chetif, à peine tu auois
Tenu le royal sceptre en ta dextre trois mois,
Que de Roy faict esclaue, au lieu de luy tu portes
Des manicles au bras, sur le fleuue aux sept portes.
Ch. Plus heureux n'a regné son frere Ioachim,
Qui son regne borna d'vne sanglante fin.
Car cet Assyrien, contre sa foy promise,
Ierusalem pilla comme par force prise,
Et Ioachim meurtrit auec les Citoyens,
Puis leurs corps massacrez fist deuorer aux chiens.

B.ij.

Ch. De son enfant ne fut la fortune plus douce.
A. Helas! il receut d'elle vne dure secousse.
Il estoit bien foiblet, & pour son âge bas
Il ne vaquoit encor qu'aux enfantins esbats:
Le Soleil, qui auoit sa naissance amenee,
Ne tournoyoit sur luy que la huictiesme annee,
De couronne il n'auoit ny de sceptre soucy,
Quand ce mesme Tyran le transporta d'icy,
Entraina ses parens & sa dolente mere,
Pour deuider leur âge en seruitude austere.
Ch. Dieu ne punira point vn fait tant inhumain?
A. A mon fils Sedecie il meist le sceptre en main
Pour regner en Iuda, malheureuse prouince,
Prouince malheureuse, & plus malheureux prince.
Ch. Las! qui est la cité, qui est la nation,
Qui a tant comme nous de tribulation?
Qui a Ierusalem surpassee en miseres?
Qui a tant esprouué du grand Dieu les choleres?
A. Celuy pourroit nombrer les celestes flambeaux,
Les fueilles des forests, & les vagues des eaux,
Les sables, qui legers dans l'Arabie ondoyent,
Qui pourroit raconter les maux qui nous guerroyent.
Ch. Il nous les faut plorer, car las! à nos malheurs
Pour tout allegement ne restent que les pleurs.
A. Pleurons donques pleurons sur ces moiteuses riues,
Puis que nous n'auons plus que nos larmes captiues:
Ne cessons de pleurer, ne cessons ne cessons
De nous baigner le sein des pleurs que nous versons.
Pleurons Ierusalem, Ierusalem destruite,
Ierusalem en flamme & en cendres reduite:
Ne soyent plus d'autre chose occupez nos esprits,

TRAGEDIE. 15

Ne faisons que douloir, que ietter pleurs & cris.
Deuons-nous auoir plus autre sollicitude?
Pouuons-nous autre part appliquer nostre estude?
Nous est-il rien resté qu'vn esprit gemissant,
Qu'vn esprit adeulé dans vn corps languissant?
Ch. Pleurons donques, pleurons, & de tristes cantiques
Lamentons sur ce bord nos malheurs Hebraïques.
A. Rompons nos vestemens, decouurons nostre sein,
Elançons contre luy nostre bourrelle main:
N'épargnons nos cheueux, & nos visages tendres,
Couurons nos dos de sacs, & nos testes de cendres.
Ch. Nous te pleurons lamentable cité,
   Qui eus iadis tant de prosperité
   Et maintenant, pleine d'aduersité
     Gis abatue.
Las! au besoing tu auois eu tousiours
   La main de Dieu leuee à ton secours
   Qui maintenant de rempars & de tours
     T'a deuestue.
Il t'a, Sion, le visage obscurci,
   Voyant le roc de ton cœur endurci
   Estre imployable, & n'auoir plus souci
     De sa loy sainte.
Tu as, ingrate, oublié ton deuoir,
   Tu as osé d'autres Dieux receuoir,
   Au lieu, Sion, que tu deuois auoir
     Tousiours sa crainte.
Il t'a laissee au milieu du danger,
   Pour estre esclaue au soudart estranger,
   Qui d'Assyrie est venu saccager
     Ta riche terre.

B.iij.

» *Comme l'on voit les debiles moutons*
» *Sans le pasteur courus des loups gloutons:*
» *Ainsi chacun, quand Dieu nous reboutons,*
»   *Nous fait la guerre.*
Mille couteaux nous ont ouuert le flanc,
   Des corps meurtris s'est fait vn rouge estang.
   Dans le saint temple a decoulé le sang
      De tes Prophetes.
Le Chaldean l'a barbare pillé,
   Et sans horreur d'ornement depouillé,
   Le tabernacle, il a sanglant souillé
      De mains infettes.
A. O trois fois malheureuse nuit
   Que tu nous as de mal produit!
   Iamais autres tenebres
   Ne furent si funebres!
Il me semble encor que ie voy
   Les hommes tomber deuant moy,
   Que i'entens des mourables
   Les regrets lamentables.
Que i'oy les fifres & tabours,
   Les trompettes dessur les tours,
   Dont le son encourage
   Le veinqueur au carnage.
Que le feu de tous costez bruit,
   Que sur les toits la flamme luit,
   Que les enfans on rue
   Des maisons en la rue.
Pleurons les malheurs de Sion,
   Calamiteuse nation,
   Pleurons, tourbe compaigne,

TRAGEDIE.

Noſtre ſainte montagne.
Ch. Mais pluſtoſt prions noſtre Dieu
    Qu'il ait pitié du peuple Hebrieu,
    Qu'il appaiſe ſon ire,
    Et ſa verge retire.
Qu'il vueille ſauuer noſtre Roy,
    Pour deſormais viure en ſa loy,
    Gardant ſon ame pure
    D'idolatre ſouillure.
Am. Leuons nos mains au ciel & nos larmoyans yeux,
Iettons-nous à genoux d'vn cœur deuotieux,
Et ſoupirant enſemble à ſa maieſté haute,
Le prions qu'il luy plaiſe effacer noſtre faute.
  O ſeigneur noſtre Dieu, qui nous ſauuas iadis
Par le milieu des flots, qu'en deux parts tu fendis,
Conduiſant de ta main ton peuple Iſraëlite,
Quand tu l'eus deliuré du ioug Madianite,
Qui l'armee ennemie abyſmas ſous la mer,
Qui aux profonds deſerts nous gardas d'affamer,
Qui ſur le mont Oreb apparus à nos Peres,
Et leur fis receuoir tes edits ſalutaires,
Qui leur donnas ſecours par les Anges du ciel,
Qui leur baillas la terre ondoyante de miel
D'Aphee & de Hebron, briſant les exercites
De Bethel, de Gaſer, & des forts Ammonites:
Qui nagueres ſauuas Manaſſe noſtre Roy
Des ceps de Babylon, ſe retournant à toy,
Pardonneur, pitoyable, eſtens ſur nous ta veuë,
Et voy l'affliction, dont noſtre ame eſt repeuë:
Pren Seigneur, pren Seigneur, de nous compaſſion,
Aye, Seigneur, pitié de la pauure Sion,

                B.iiij.

Ne l'extermine point, nous sommes la semance
D'Isac ton seruiteur, tes enfans d'alliance:
Ne nous reprouue point, Pere, fay nous merci,
Deliure Sedecie & ses enfans aussi.
Ainsi puissions tousiours rechanter tes louanges,
Et bannir loing de nous tous autres Dieux estranges.
Ch. Madame leuons-nous, leuons-nous, car voici
La Royne auec son train qui s'approche d'ici.

La Royne.   Sa Gouuernante.   Amital.
Le Chœur.

La Royne.

O Beau Soleil luisant, qui redores le monde
Aussi tost que la nuit te voit sortir de l'onde,
Rayonnante lumiere, œil de tout l'uniuers,
Qui dechasses le somme & rens nos yeux ouuers,
Tu sois le bien venu sur ces belles campagnes,
Bien venu le bonheur de qui tu t'accompagnes:
Ta clairté nous fait veoir le desirable fruit
Du sort victorieux dont nous oyons le bruit.
Nous voyons maintenant les Rois Israelites
Et leurs peuples restez à nos fiers exercites
Amener par troupeaux, miserable butin,
La fin de nos trauaux nous voyons ce matin.
Mais qu'est-ce que ie voy? G. C'est la tourbe estrãgere
Des filles de Iuda qui pleurent leur misere.
R. Helas! quelle pitié, i'ay le cœur tout emeu,
Ie voudroy n'auoir point vn tel desastre veu.
G. Elles viennẽt vers nous. R. Ceste ancienne femme,
Qui marche la premiere, est quelque grande Dame,

TRAGEDIE.

Ie voy qu'on la respecte. hé que c'est que de nous!
Que voyla, ma compagne, vn beau mirouer pour tous.
A. Royne, à qui la fortune est constamment prospere,
S'il se trouue constance en chose si legere,
Espouse d'vn grand Roy, qui va seigneuriant
Sous le vouloir de Dieu, les peuples d'Orient,
Soyez nous fauorable, & que les durs esclandres
De nous & de Sion maintenant mise en cendres
Vous mollissent le cœur, si qu'ô Royne, par vous,
Le Roy nostre Seigneur nous soit propice & doux.
Tout ce troupeau captif d'vne voix vous supplie,
Las! pour Dieu que vostre ame à la pitié se plie.
Que nos humides pleurs & nos cris ne soyent vains,
Nous sommes à vos pieds, nous vous ioignôs les mains,
Voyez de nos enfans les prieres tendretes,
Prenez compassion de ces creaturetes.
Ils reclament à vous, sus mignons, approchez,
Et tout ainsi que nous à ses pieds vous couchez,
Elle a de vous sauuer le pouuoir & l'enuie,
D'elle seule depend vostre douteuse vie.
R. Madame, leuez vous. A. Ce nom ne m'appartient,
Ainçois le nom de serue à mon malheur conuient,
Ie suis ores de Royne esclaue deuenuë:
Prenez pour vous seruir ma vieillesse chenuë,
Ie vous la viens offrir: vostre condition
Adoucira l'aigreur de ma suiection,
„ La dignité du maistre est aux serfs honorable,
„ Et leur ioug, bien que dur, en est plus supportable.
R. Ma mere, leuez-vous, & vous Dames aussi
Qu'vn desastre commun fait lamenter ici.
Vostre malheur ne fait que moins ie vous honore,

B.v.

Mais fait qu'auec douleur vos ennuis ie deplore.
» Il ne faut que Fortune eleue noſtre cœur,
» Pour vous maintenant voir eſprouuer ſa rigueur,
» Que tous hõmes mortels doiuent ſans ceſſe craindre,
» Soit Roy, ſoit laboureur, le grãd plus que le moindre.
Helas! que ſçauons-nous ſi ce iour ſeulement
Ternira point noſtre heur de quelque changement?
» Nul ne vit aſſeuré des preſens de Fortune:
» Elle eſt aux hommes mere & maraſtre commune:
» Ses inſtables faueurs volant ſur noſtre chef,
» Bien ſouuent en leur place y laiſſent du mechef,
» Et comme peu de temps auec nous ils ſeiournent,
» Souuent le mal chaſſé, de rechef y retournent.
Partant conſolez-vous, mes Dames, & penſez
Que les preſens malheurs contre vous elancez
Ne vous rendent vers moy plus viles que naguieres,
Qu'en bon-heur vous teniez vos dignitez premieres.
A. Dieu pour cette bonté vous bien-heure touſiours,
Et iamais le malheur n'amertume vos iours.
En vous ſeule apres Dieu giſt noſtre confiance.
R. Tout depend du Roy ſeul, nul que luy n'a puiſſance.
Ch. Suppliez-le pour nous: Madame, nous ſçauons
Que ſi vous le priez nos maris nous ſauuons,
Nous ſauuons Sedecie. A. Hé miſerable prince,
Que iamais n'euſſes-tu commandé ſur prouince!
Ne nous refuſez point, Madame, ainſi iamais
Ne vous puiſſe toucher le deſaſtre mauuais,
Puiſſiez-vous deuider vne longue ieuneſſe,
Et ſaine paruenir en heureuſe vieilleſſe,
Abondante en enfans, abondante en honneur,
Abondante en l'amour du Roy voſtre ſeigneur.
R. Ie m'employray pour vous, n'en ayez point de doute:

Mais i'ay peur qu'irrité ma priere il n'escoute.
A. *Si fera si Dieu plaist.* R. *Vous l'auez outragé.*
A. *Il est vray: mais Madame, il en est bien vengé.*
R. *Vn Roy vaïqueur n'a point de borne en sa vége̅ce.*
» A. *Si la faut-il tousiours conformer à l'offense.*
R. *Voire mais il sera iuge en sa passion.*
» A. *Tout braue cœur est lent à la punition.*
R. *Il est tout magnanime, & ne tend qu'à la gloire.*
A. *Il se doit contenter d'auoir eu la victoire.*
R. *Ainsi puisse auenir.* A. *Le genereux Lion.*
R. *I'entens bien: mais le crime est de rebellion.*
A. *Nous sommes rebellez, voire, ie le confesse.*
» R. *Iamais un Roy tel crime impuni ne relaisse.*
A. *Las! so̅mes-nous sa̅s peine? hé Dieu vous nous voyez!*
R. *Helas! ie ne dy pas que sans peine soyez,*
Vous souffrez trop de mal, ie m'en compassionne,
Mais ie crains que le Roy de plus griefue en ordonne.
A. *Que sçauroit-il pis faire?* R. *Il vous feroit mourir.*
A. *Ce n'est pas nous mal faire, ains nostre mal guarir.*
Madame pleust à Dieu, pleust à Dieu nostre pere,
Que ie fusse (ha quel heur!) morte en ma prime-vere,
Et que cette vieillesse en sillons n'eust creusé
Mes tremblotantes mains & mon visage vsé!
La mort, bien que hâtiue, eust affranchi mon ame
De tant de passions que i'ay souffert Madame.
Ie n'eusse veu deux fois ardre nostre Cité,
Le massacre du peuple & sa captiuité:
Helas! ie n'eusse veu ce que voir me faut ores,
Et que voir me faudra si ie suruis encores.
O Mort, ne tarde plus, tourne ici, vien à moy,
De ton dard secourable arrache mon esmoy.

B.vi.

» R. Ne vous desolez point : il n'est si dure vie,
» Qui, sans desplaire à Dieu, à la mort nous conuie.
Confortez-vous d'espoir. A. Ie n'ay plus qu'esperer,
Mais i'ay beaucoup à craindre & beaucoup endurer.
» Il n'est malheur si grand que l'espoir n'adoucisse.
» A. Il n'est malheur si grād que l'espoir ne nourrisse.
» R. Voire mais vn chacun l'esperance reçoit.
» A. Voire mais vn chacun l'esperance deçoit.
» R. La mort ne māque point, elle vient trop hastiue.
» A. La mort aux affligez viēt tousiours trop tardiue.
R. Vostre bonheur peut bien retourner derechef.
A. Plustost helas ! plustost croistra nostre mechef.
R. Comment vous est venu ce comble de miseres?
A. Nous auons du grand Dieu prouoqué les choleres.
R. Cōme aduint vostre prise? A. Hé hé le cœur me fend,
La trop grande douleur le parler me defend.
R. Laissez dōc ce propos. A. Nō, s'il voº plaist, madame,
Combien que mes tourmens en reblessent mon ame.
Mais ce n'est plus à moy d'éuiter les ennuis,
Ie m'en repais le cœur, toute en douleurs ie suis.
R. Contez nous ce malheur s'il ne vous desagree.
A. Ie me plais en mon mal, ce discours me recree.
Desia le grand flambeau, qui court perpetuel,
Auoit fait dessur nous vn voyage annuel,
Et desia retraçoit vne course seconde
Ayant par deux saisons retournoyé le monde,
Depuis que vostre armee, effroyable en soudars,
Nostre ville asiegeoit, close de toutes pars.
Vos balistes auoyent sa muraille persee,
Ierusalem estoit à demy renuersee:
La plus grād' part du peuple & des chefs estoÿēt morts.

Nous auions soustenu mille sanglans efforts,
Resolus à la mort, plus que Lionnes fieres,
Defendant leurs petits qu'on force en leurs tanieres.
La faim, plus que le fer, palles nous combatoit,
Et la ferocité de nos cœurs abbatoit.
Le peuple alangouré, sans courage, sans force,
Descharné se trainoit, n'ayant rien que l'escorce
Qui luy couuroit les os, & ceste maigre faim
Estouffoit les enfans en demandant du paim.
Nous ressemblions, errants par les places, dolentes,
Non des hommes viuants, mais des larues errantes,
Et ia ceste fureur tellement nous pressoit,
Que de son propre enfant la mere se paissoit.
Las! ie transis d'horreur, ie forcene, i'affole,
Ce triste souuenir m'arreste la parole!
R. Ne vous adeulez point, reprenez vos esprits,
Et relaissez plustost ce discours entrepris.
A. Ie le continuray, combien qu'il me desplaise.
R. Ne vous y forcez point, faites-en à vostre aise,
A. Or le sac de Sion, & sa captiuité
Predits estoyent venus à leur temps limité:
Ia le mal nous touchoit (telle estoit l'ordonnance
Du grand Dieu, qui vouloit chastier nostre offense)
Et comme lors qu'il veut nous punir rudement,
Il fait que nous perdons tout humain iugement,
Nous en fusmes ainsi: car n'ayans corps de garde,
Sentinelle ny ronde, & sans nous donner garde,
Comme si retirez fussent nos ennemis,
En nos couches sans peur reposions endormis,
Quand (ô cruel mechef) lors que la nuit ombreuse
Vers le iour sommeillant cheminoit paresseuse,
                                                B.vij.

LES IVIFVES,

Dans le ciel tenebreux, que le somme enchanteur
Versoit dedans nos yeux vne aueugle moiteur,
Qu'en la terre & au ciel toute chose estoit coye,
Tous animaux dormans fors la plaintiue Orfroye,
Le camp de Babylon sans crainte des hazars
Auec grands hurlemens échele les rempars,
Donne dedans la breche, & ne trouuant defense,
Rangé par escadrons dans la ville s'élance:
Gaigne les carrefours, s'empare des lieux forts,
Et sur le temple saint fait ses premiers efforts.
Tout est mis aux couteaux, on n'espargne personne,
A sexe ou qualité le soldat ne pardonne:
Les femmes, les enfans, & les hommes âgez
Tombent sans nul esgard pesle-mesle esgorgez:
Le sang, le feu, le fer, coule, flambe, resonne,
On entend les tabours, mainte trompette sonne,
Tout est ionché de morts, l'ennemy sans pitié
Meurtrist ce qu'il rencontre, & le foule du pié.

 Or le Roy, qui soudain entendit cet esclandre,
Troublé saute du lict, & va ses armes prendre:
Mais retenu par nous, & ayant entendu
De ses gens effroyez que tout estoit perdu,
Descend secrettement auecques sa famille,
Et par vne poterne abandonne la ville.

 Vn chemin se presente aux montagnes tendant
Pour gaigner l'Arabie & laisser l'Occident,
Il est rude, pierreux, raboteux & sauuage,
Les rocs des deux costez malaisent le passage:
Ores il faut grimper à mont vn rocher droit,
Ore il faut deualer par vn chemin estroit,
Vous voyez à vos pieds l'horreur d'vn precipice,

TRAGEDIE.

Qui fait en le voyant que le poil en herisse,
Vn torrent bruit à bas, qui court en bouillonnant,
Entrainant maints Ormeaux qu'il va deracinant.
Là le Roy, ses enfans, & nous autres pauurettes
Cheminons en frayeur par des voyes secrettes:
La nuit estoit obscure, & nos humides yeux
Ne voyoyent pour conduite aucune lampe aux cieux,
Toutefois en bronchant, en tombant à toute heure,
Nous franchissons en fin ceste rude demeure:
Descendons en la plaine, & hastons nostre pas
Chasque mere portant son enfant en ses bras.
Vous eussiez eu pitié de nous voir demy-nuës
Courant & haletant par sentes incognuës,
Le front escheuelé, regardant à tous coups
Si l'ennemy sanglant accouroit apres nous.

   Mais las! comme le iour encommençant sa peine
Nous éclairoit errants par la deserte plaine,
Aupres de Iericho nous entendons hennir
Des cheuaux, & soudain nous les voyons venir:
Alors nous commençons à nous battre & destordre,
Deçà delà courir en vn confus desordre,
Les hommes s'écarter où les chassoit la peur:
Le Roy seul demeura trop attendry de cœur
De voir nos passions, & ses petites ames
Qui luy tendoyent les mains pres les Roynes ses femmes.

   Aussi tost les coureurs nous viennent enfermer,
Se saisissent de nous, font le Roy desarmer,
Nous ameinent icy, hommes, femmes ensemble,
Comme à mesme destin le malheur nous assemble.
Las! prenez-en pitié, mercy nous vous crions,
Nous n'esperons qu'en vous, seule nous vous prions.

R. Hà Dieu quel desconfort! que la fortune aduerse
Ce pauure peuple Hebrieu cruellement trauerse!
Le cœur me bat au sein d'ouyr tant de malheurs.
G. Pourquoy vous gesnez-vous d'inutiles douleurs?
Madame, & que vous sert d'affliger vostre vie
Pour les calamitez d'vne tourbe asseruie?
R. Ah pour Dieu taisez-vous, il nous en pend autant,
Le sort n'est pas vers nous plus que vers eux constant.
Ch. Hé hé hé! A. Las! madame. R. Et que vous
  puis-ie faire?
A. Employez-vous pour nous. R. C'est vn fascheux
  affaire.
A. Nous refuserez vous? Ch. Nous delaisserez vous?
R. Non, mais ie crains du Roy l'imployable courrous
Encontre vostre race, & qu'impetrer ne puisse
Qu'en rigueur de vos Chefs l'offense il ne punisse.
Ch. Helas! que ferons-nous? R. Ne vous deconfortez,
Ains auec bon espoir vos ennuis supportez.

Chœur.

Disons adieu, mes compagnes,
  A nos chetiues campagnes,
    Où le Iourdain doux-coulant
    Va sur le sable ondelant.
Adieu terre plantureuse
    N'aguere si populeuse,
    Terre promise du ciel,
    Toute ondoyante de miel.
Adieu Siloé, fonteine
    Dont la douce eau se pourmeine
    Dans le canal de Cedron,

Serpentant à l'enuiron.
Adieu constaux & valees,
　Adieu riues desolees,
　Adieu verdureux Hebron,
　Vieil territoire d'Efron.
Sur toy montaignette sainte,
　Le bon Abram fist sa plainte,
　Comme il fist sur toy Bethel
　Fumer son premier autel.
Adieu Cité, renommee
　Sur les citez d'Idumee,
　Que iadis vn Roy conquit
　Du Iebusan, qu'il veinquit.
Et vous naguiere edifice
　Le plus rare en artifice,
　Et en ornemens diuers
　Qu'il fust temple en l'vniuers.
Las! nous vous laissons, pauurettes,
　De ces Barbares sugettes,
　Qui nous trainent inhumains
　En des Royaumes lointains:
Où faudra que nostre vie
　A leur vouloir asseruie,
　Languisse eternellement
　En deplorable tourment.
Car comme aurions-nous courage,
　Estans en vn tel seruage,
　Le cœur serré de douleurs,
　De donner tréue à nos pleurs?
Quand nous ne pouuons tant faire,
　Qu'il puisse à nostre ame plaire

De chanter à l'Eternel
   Vn cantique solennel?
Et qu'adeulez nous souuienne
   Sur la riue Assyrienne
   Des innombrables bien-faits
   Que sa bonté nous a faits?
Et crains qu'en mesme oubliance
   Ne tombe la souuenance,
   Auecques l'affection,
   Que nous deuons à Sion.
» Si est-ce pourtant, si est-ce
»   Qu'il ne faut que la tristesse,
»   Bien que dure, ait le pouuoir
»   De nous tirer du deuoir:
» Ains quelque grand que puisse estre
»   Nostre malheur, reconnoistre
»   Que nous le meritons bien,
»   Et que Dieu veut nostre bien.
» Faut inuoquer sa clemence,
»   Auoir du mal repentence
»   Et ferme propos en soy
»   De viure selon sa loy:
» Eleuer vers luy la face,
»   Auoir recours à sa grace,
»   Qui est promise à celuy
»   Qui met son attente en luy.
Sus donc prions-le captiues,
   Sur ces infidelles riues
   Qu'il vueille apres son courroux
   Se ressouuenir de nous.

ACTE III.

Nabuchodonosor.   La Royne.
Nabuch.

IE le tiens ie le tiens, ie tiens la beste prise,
Ie iouis maintenant du plaisir de ma prise,
I'ay chassé de tel heur que rien n'est eschappé.
I'ay lesse & marquacins ensemble enueloppé.
Le cerne fut bien fait, les toiles bien tendues,
Et bien auoyent esté les bauges reconnues:
Les Veneurs ont bien fait, ie le voy, c'est raison
Que chacun ait sa part de cette venaison.
Quant au surplus ie veux qu'il en soit fait curee.
R. Vous auez en vos mains la proye desiree,
Selon vostre vouloir en pouuez ordonner,
Soit pour punir leur coulpe ou pour leur pardonner.
N. Pardonner? hà plustost le ciel sera sans flames,
La terre sans verdure, & les ondes sans rames,
Plustost plustost l'Eufrate encontre-mont ira,
Et plustost le Soleil en tenebres luira.
„ R. Qui pardonne à quelcun le rend son redeuable.
„ N. Qui remet son iniure il se rend mesprisable.
„ R. Pardonnãt aux veincus on gaigne le cœur d'eux.
„ N. Pardonnant vn outrage on en excite deux.
R. La douceur est tousiours l'ornement d'vn monarque.
„ N. La vengence tousiours vn braue cœur remarque.
„ R. Rien ne le souille tant qu'vn fait de cruauté.
„ N. Qui n'est cruel n'est pas digne de royauté.
„ R. Des peuples vos suiets l'aduis est au contraire.
„ N. Ce que le prince approuue à sõ peuple doit plaire.

» R. *Le vice, où qu'il puisse estre, est tousiours odieux.*
» N. *La haine des suiets nous rend plus glorieux.*
» R. *Quelle gloire de n'estre honoré que par feinte?*
» N. *Mais c'est vne grandeur de l'estre par contreinte.*
» *La louange & l'amour sont communs à chacun,*
» *Mais de côtraindre vn peuple à tous n'est pas cômun,*
» *Il n'appartient qu'aus grans: Les Rois sont crains de*
» *Et les petits aimez par vne douce amorce.* (force,
R. *Vous le serez comme eux n'aimant que la vertu.*
N. *Cela sentiroit trop son courage abatu.*
» *Celuy ne regne pas qui son vouloir limite:*
» *Aux Rois qui peuuent tout, toute chose est licite.*
» R. *Vn Prince qui peut tout ne doit pas tout vouloir.*
» N. *La volonté d'vn Prince est conforme au pouuoir.*
R. *Conformez-vous à Dieu, dont la force est supréme.*
N. *Dieu fait ce qu'il luy plaist, et moy ie fay de mesme.*
R. *Hà, Monsieur, ie vous prie ayez propos plus sains.*
» *Dieu rabaisse le cœur des Monarques hautains*
» *Qui s'egalent à luy, & qui n'ont cognoissance*
» *Que tout humain pouuoir prouient de sa puissance.*
Vous voyez par ce Roy (dont les ancestres ont
Porté si longuement le diadême au front,
Et ores vostre esclaue, accablé de miseres)
Combien les Royautez sont choses passageres.
Maintenant nous marchons sur tous Rois trionfans,
Mais las! nous ne sçauons quels seront nos enfans.
Que dis-ie nos enfans? quels nous serons nous mesmes,
Si nous aurons tousiours au chef ces diadêmes.
» *Plus le sort nous caresse et plus craindre il nous faut.*
» *Car plus il nous eleue & plus cherrons de haut.*
N. *Ie n'en ay point de crainte.* R. *Et c'est ce qui m'en
    donne.*

TRAGEDIE.   23

» *La desfiante peur asseure vne couronne,*
» *Elle fait la prudence, & rarement s'est veu*
» *Qu'vn homme soit tombé sous le malheur preueu.*
N. *Laissons-là ce discours, il est plein de tristesse.*
R. *Laissons-le, mais aussi laissez toute rudesse,*
Ie vous pri' pardonner à ce peuple captif,
Ne vous souillez au sang de son Prince chetif.
N. *C'est vn peuple mechant qui tousiours se rebelle:*
L'autre est vn Roy pariure, vn traistre, vn infidelle.
R. *Encore qu'il soit tel, si ne deuez-vous pas*
Le meurtrir de froid sang, c'est trop que du trespas.
N. *Bien que i'eusse à bon droit de l'égorger enuie,*
Pour vous gratifier ie luy donne la vie:
Non qu'il ne soit puny: car vn si grand forfait
Ne doit couler sans peine à celuy qui l'a fait.
Ie veux voir son maintien & ses raisons entendre.
Sus, amenez-le moy. R. *Ie ne veux pas l'attendre,*
I'aurois trop de pitié de voir ce pauure Roy
Par desastre reduit en si grand desarroy.

N. *Hà ie iure le ciel que vostre felonnie*
Sera plus griefuement que de la mort punie.
Vous viurez vous viurez, mais sera tellement
Que vos iours rouleront en continu tourment.
Vous requerrez la mort de borner vos tortures,
Voyant deuant vos yeux meurtrir vos creatures,
Esgorger vos amis, les Prestres de la loy,
Qui mutins vous ont fait esleuer contre moy.
Mais qu'est-ce que i'entës? qui sont ces voix plaintiues?
D'où part ceste tristesse? hà sont ces tourbes Iuifues,
Elles tournent vers moy, c'est en vain: par leurs cris
Les malheurs qu'elles ont ne seront desaigris.

Amital.   Les Roynes.   Nabuchodonosor.   Le Chœur.
Am it.

ALlons, dolent troupeau, possible nos prieres
Et les cris redoublez de tant de prisonnieres
Attendriront son cœur : il n'est pas vn rocher,
Il n'est pas vn Dragon qui se paisse de chair.
Approchez dõc mes Brus, laschez la bõde aux larmes,
Soupirez, sanglotez, desployez toutes armes,
Guerroyez vos cheueux, n'espargnez vostre teint,
Que vostre sein d'albastre en vostre sang soit teint.
R. D'ennuis & de langueurs nos larmes sont nourries,
Sans cela dés long temps elles fussent taries.
Mais la source en est viue, & ne faut débonder
Leurs canaus, pour les faire en larmes abonder.
A. Ie le voy : las, mon Dieu, vien & nous fauorise,
Inspire nous, mon Dieu, conduy nostre entreprise.
  O qui, domteur du monde, auez sous vostre loy
Ce terrestre Vniuers, grand monarque, grand Roy,
Cheri de l'Eternel, qui de faueur assiste
En tous lieux & desseins vous & vostre exercite,
Comme vous l'imitez en courage indomté,
Et en toute puissance imitez sa bonté.
„ Tousiours il ne foudroye, & tousiours en menace
„ Pour nos impietez il ne ride sa face,
„ Souuent il se tempere, & rompant son courroux
„ Apres la repentence il se monstre plus doux.
Helas soyez-nous tel, monstrez-vous debonnaire
Enuers nous crimineux, Dieu soit vostre exemplaire.
Pardonnez nos forfaits : humbles à deux genoux

TRAGEDIE. 24

Nous demandons pardon, helas pardonnez-nous!
N. *Quel pardon voulez-vous?* A. *Deliurez Sedecie.*
N. *Ce mechant de qui l'ame est au mal endurcie!*
A. *Il est assez puny de ses crimes passez.*
N. *Sa faute ne sçauroit estre punie assez.*
„ A. *Vn grand crime demande vne clemence grande.*
„ N. *Vn grãd crime tousiours vn grãd tormẽt demãde.*
Leuez-vous, ie ne veux que vous soyez ainsi.
A. *Nous sommes comme il faut pour demander merci.*
„ *Ne nous refusez point: s'il n'estoit point d'offense,*
„ *Vn Roy n'auroit moyen de monstrer sa clemence.*
„ *Sire, il est tout certain, le crime d'vn suget*
„ *Sert aux bontez d'vn Roy d'honorable suget,*
„ *Et plus ce crime est grief & plus grande est sa gloire,*
Acquerant sur luy-mesme vne belle victoire.
„ *C'est plus de se domter, domter ses passions,*
„ *Que commander Monarque à mille nations:*
Vous auez subiugué maintes belles prouinces,
Vous auez combatu les plus belliqueux Princes,
Et les plus redoutez, mais vous l'estiez plus qu'eux,
Tous ensemble n'estoyent tant que vous belliqueux.
Mais en vous surmontant, qui estes indomtable,
Vous acquerez victoire à iamais memorable.
Vous aurez double honneur de nous auoir defaits,
Et d'auoir, comme Dieu, pardonné nos mesfaits.
„ N. *Le naturel des Dieux est de punir le vice.*
„ A. *Dieu prefere tousiours la clemence à iustice,*
„ *Et ne reboutte point de sa grace celuy,*
„ *Quelque pecheur qu'il soit, qui se retourne à luy.*
Soyez tel, soyez, Sire, vn sauueur de coupables,
Iettez sur nous vn rais de vos yeux pitoyables.

La douceur en vn Prince est vn celeste don.
Helas pardonnez-nous, & faites nous pardon.
N. Vous ne parliez ainsi, quand en fiere arrogance
Vos enfans rebellez despitoyent ma puissance,
Amorcez du secours dont l'Egypte a manqué:
Car alors sans raison vous m'auez attaqué.
A. Las! qu'y eussé-ie fait? ie ne m'en suis pas teuë,
Ie predis ces malheurs, mais ie ne fus point creuë,
Ny Ieremie aussi, Ieremie à qui Dieu
Faisoit voir les destins du pauure peuple Hebrieu.
Ie predis ie predis auecques maintes larmes
Le mal qui nous viendroit de prouoquer vos armes.
Mais la ieunesse ardante & promte aux changemens,
Tousiours mist sous le pié nos amonnestemens:
Si que mon fils poussé de leurs voix indiscrettes,
Et des predictions de quelques faux Prophetes,
A son dam & au nostre & de nostre Cité
S'allia de Nechon dont fustes irrité.
N. Eus-ie tort de poursuiure vn rompeur d'alliance,
Et qui print contre moy d'Egypte l'accointance?
A. Non, vous n'eustes pas tort, & non non, ce fut nous,
Nous mesmes de nos maux sommes cause, & non vous.
» *N. Qui a fait le dommage en doit porter la peine.*
A. Ne l'auons-nous portee? ha quelle est inhumaine!
Ha qu'elle est angoisseuse! N. Et qu'auez-vo⁹ souffert?
» *A. Et n'est-ce riē souffrir quād vn Royaume on perd?*
Sire, Dieu vous en garde. Il n'est rien plus estrange
» *Que faire d'vn royaume à des prisons eschange.*
Quels supplices plus grands peuuent estre soufferts
Par vn Prince, que d'estre incessamment aux fers?
Voir ses enfans captifs, ses femmes en seruage,

Son

TRAGEDIE.

Son peuple mis à mort, & sa ville au pillage?
Soit de tant de malheurs vostre cœur satisfait.
N. Ce n'est encores rien au prix de son forfait.
A. Hé que voulez-vous plus ? estes vous implacable?
Estes-vous vn Tyran, vn Prince inexorable?
Vn homme sans pitié ? donnez-vous pour repas
A vostre ame, à vos yeux, des Princes le trespas?
Voulez-vous qu'à iamais la belle renommee
De vos victoires soit de meurtres diffamee?
La voulez-vous soüiller ? la voulez-vous ternir?
Vous rendre abominable aux races à venir?
Hà ne le faites pas, ne le faites pas, Sire,
Ne contaminez point de meurtres vostre empire,
Espargnez nostre sang, vous aurez des remords
Si vous nous massacrez, pires que mille morts.
N. Ie pardone à vostre age. A. Helas! ie vous rēs grace,
Ie ne demande point que pardon on me face,
Faites moy demembrer, faites moy torturer,
Faites à ce vieil corps tout supplice endurer:
Soulez-vous en ma peine, & que ie satisface
Seule pour Sedecie & pour toute sa race.
Il ne peut receuoir effort plus violant
Que voir deuant ses yeux sa mere bourrelant,
Là donc martyrez moy, versez sur moy vostre ire,
Le tourment que i'auray sera double martyre,
Torturant mere & fils par ma seule douleur:
Sçauriez-vous inuenter vn outrage meilleur?
N. Ie ne veux l'innocent souffrir pour le coupable.
A. Innocente ie suis, partant non punissable.
N. Ie ne veux pas aussi qu'aucun mal vous souffrez.
A. Il faut donc que mon fils ores vous deliurez:

C.i.

Car il ne peut souffrir que ie ne m'en ressente,
A son bien & son mal ie suis participante.
Si donques il vous plaist m'exempter de tout mal,
Faites las ! que ce bien à nous deux soit egal.
N. Vous estes sans delit, mais il n'est pas de mesmes.
A. Punissez dōc son crime en moy qui suis luy-mesmes :
Soit vostre cœur vengé par mon sanglant trespas,
Que ma mort vous suffise & qu'il ne meure pas.
Ne suis-ie assez coupable? & si suis, estant celle
Qui au monde ay produit ce Roy vostre rebelle.
Helas! c'est bien assez, ie suis cause de tout,
Sans moy nostre Cité fust encores debout,
Le sacré Temple en gloire : & sans moy le colere
Ne vous forceroit d'estre enuers nous sanguinaire,
Qui nous estiez ami, nous cherissant sur tous.
N. I'ay tousiours bien aimé Iosie vostre espoux.
A. Helas! aimez-le encore apres la sepulture,
Conseruez cet amour en sa progeniture :
Souuenez-vous de luy, c'estoit vn prince bon,
Qui tousiours honoroit les Rois de Babylon,
Qu'il vous estoit deuôt! sa propre seigneurie
Ne luy estoit de rien au prix de l'Assyrie.
Et me disoit souuent ne rien tant desirer
Que de voir vostre empire en tout bien prosperer
Et s'accroistre en pouuoir : le soing de vostre gloire
A possedé son cœur iusqu'en la tombe noire.
N. Qui a son fils émeu de s'armer contre moy?
A. Ie ne sçay qui l'a meu de vous faulser la foy.
Mais pourtant, ie vous pri ne vous y vouloir prendre,
Ains plustost dessur luy vostre douceur estendre.
Que la bonté du pere efface en vostre cœur,

TRAGEDIE.

Et de l'enfant la coulpe & de vous la rancœur,
Il a bien merité que l'on le reconnoisse,
Que son loyal seruice en son fils apparoisse:
Helas monstrez-le donc, vous sçauez qu'il est mort
En combatant pour vous sur l'Arabique bord,
Lors que le Roy d'Egypte attrainant son armee,
Iusqu'à l'Eufrate entra par la terre Idumee.
 O Prince genereux! ô cœur vrayment royal!
Qui fus à ton ami si constamment loyal,
Maintenant que tu vis sur les voutes celestes,
Regarde de Iuda les miserables restes:
Et si tu as encor des tiens quelque souci,
Si tes yeux immortels penetrent iusqu'ici,
Mon espoux, mon seigneur, aide nous à cette heure,
Assiste Sedecie, & fay tant qu'il ne meure.
Supplie à l'Eternel, qui les courages meut
Des grans Rois de la terre à faire ce qu'il veut,
Qu'ores à la douceur ce monarque il inspire,
Si que de nostre sang son poignard il retire.
N. Ie sçay bien que Iosie en ma querelle est mort,
Mais cela ne fait pas que vostre fils n'ait tort.
A. Il a tort voirement, personne ne le nie,
Ie ne l'excuse point, sa faute est infinie.
Mais faites, ie vous pri, que vostre humanité
Le soit encores plus, ait plus d'infinité.
Reguerdannez en luy le trespas de son pere,
Et la captiuité de Ioachas son frere.
Que diroit-on de vous, si des Rois vos amis
Les enfans, pour loyer, à la mort estoyent mis?
Qui voudrait plus vous suiure, & aux cōbats dépēdre,
Comme fist mon espoux, sa vie à vous defendre?
         C.ij.

Las! par vous ie suis veufue, & par vous à Memphis
Pleure dessous les fers mon miserable fils,
Heritier de son pere au royal diadême,
Et encor heritier en un desastre mesme.
Ne vous en chaut-il point? n'auez-vous point au cœur
Quelque epoinçonnement de ma iuste langueur?
N. Quand ressemblant Iosie vn prince Israëlite
N'a prins pour m'assaillir le parti Memphitique,
Ie l'ay gratifié, l'assistant au besoing,
Et les bornes iettant de ses terres plus loing:
Mais se liguant en guerre auec mes aduersaires,
Qu'il ne face bouclier des vertus de ses peres,
Ie ne les poise point, pour n'estre liberal
A ceux qui sans raison me pourchassent du mal.
A. Hé qu'ay-ie fait, pauurette? en quoy pouués-vo' dire
Que i'aye oncque entrepris d'esperonner vostre ire?
A ce-esté quand Iosie armé vous secourut?
Qu'il combatit pour vous? que pour vous il mourut?
A-ce esté quand mon fils lié comme vn forçaire
Fut esclaue pour vous, sa ville tributaire?
Las! tousiours le malheur nous tombe sur les bras,
Et vous estant amis & ne vous l'estant pas.
N. Ie ne me plains de vous, n'en ayez peine aucune,
Au contraire, Amital, ie plains vostre infortune
De voir vos ans chenus retomber de rechef
En vn second esclandre, en vn second mechef.
A. Et qui peut mieux que vous sereiner ma tristesse?
Qui peut donner repos à ma foible vieillesse?
Nul certes: c'est de vous, Sire, c'est de vous seul
Que nous deuons attendre ou la ioye ou le deuil:
Faites cesser mes pleurs, & qu'auant que ie meure,

TRAGEDIE. 27

I'aye par vostre grace encor quelque bonne heure,
Revoyant mon cher fils now en sa dignité,
Mais vivre seulement hors de captivité.
N. Bien que sa forfaiture ait la mort desservie,
Pour le respect de vous ie luy laisse la vie.
A. Que les fers il ne porte, affranchi desormais.
N. Devant qu'il soit vne heure il n'en verra iamais.
A. O suprême bonté! que vos genoux i'embrasse,
Helas ie ne suis pas digne de telle grace.
Vous redonnez la vie à mon corps qui mouroit,
Vous comblez de liesse vn cœur qui souspiroit.
Ch. Prenez de ces enfans quelque solicitude.
N. Ie les affranchiray du ioug de scruitude,
Et de tous les malheurs qui chetivent vn Roy.
Sous la main de celuy qui luy donne la loy.
A. Il est temps, Israël, de rendre à Dieu louange,
Qui a soing de son peuple en vne terre estrange.
Sus touchons le tabour, sus la flute entonnons,
Prenons harpe & guiterre & toutes en sonnons.
Le Seigneur, l'Eternel, le seul Dieu de nos peres
S'est souvenu de nous au fort de nos miseres:
Il a des ennemis détrempé la rigueur,
Du Roy en sa colere il a touché le cœur.
Que tout Iacob l'entende, & que Iuda s'accorde
A le regracier de sa misericorde.

Chœur.

Comme veut-on que maintenant
   Si desolees
  Nous allions la flute entonnant
    Dans ces valees?
Que le luth touché de nos dois

C.iij.

LES IVIFVES,

Et la Cithare
Facent resonner de leur voix
Vn ciel barbare?
Que la harpe, de qui le son
Tousiours lamente,
Assemble auec nostre chanson
Sa voix dolente?
Trop nous donnent d'affliction
Nos maux publiques,
Pour vous reciter de Sion
Les saints cantiques.
Helas! tout soupire entre nous,
Tout y larmoye,
Comment donc en attendez-vous
Vn chant de ioye?
Nostre ame n'a plus de chanter
Enuie aucune,
Mais bien de plaindre & lamenter
Nostre infortune.
,, Celuy doit qui est en bon-heur
,,   Chanter & rire,
,,   Mais il faut qu'vn homme en malheur
,,   Tousiours soupire.
Aussi tandis que nous aurons
Cette detresse,
Iour & nuit nous lamenterons,
Pleurans sans cesse:
Et remplirons l'air de soupirs,
Sortans à peine,
Qui renforceront des Zephyrs
La foible haleine.

Las! il n'y a que la mort,
   Que la mort dure,
   Qui mette fin au deconfort
   Qui nous torture.
Que si son iauelot mortel
   Ne nous deliure,
   En vn tourment perpetuel
   Nous faudra viure.
Car helas qui se contiendra
   De faire plainte,
   Lors que de toy nous souuiendra
   Montaigne sainte?
Or tandis qu'en son corps sera
   Nostre ame enclose,
   Israël iamais n'oublira
   Si chere chose.
Nos enfans nous soyent desormais
   En oubliance,
   Si de toy nous perdons iamais
   La souuenance.
Nostre langue tienne au gosier,
   Et nostre dextre
   Pour les instrumens manier
   Ne soit adextre.
Que tousiours nostre nation
   Serue captiue,
   Si iamais i'oublie Sion
   Tant que ie viue.

ACTE IIII.

Sedecie. Sarree. Nabuchodonosor.

Sed.

Peuples qui méprisez le courroux du grand Dieu,
Comme assis inutile en vn celeste lieu,
Sans cure des humains, ny des choses humaines,
Et qui prenez ses loix pour ordonnances vaines,
Helas corrigez vous, delaissez vostre erreur,
Que l'exemple de nous vous apporte terreur.
Voyez comme enchaisnez en des prisons obscures,
Nous souffrons iour & nuit de cruelles tortures,
Comme on nous tient en serre estroitement liez,
Le col en vne chaisne, & les bras & les pieds.
   C'est pour auoir peché deuant ta sainte face,
Et n'auoir craint, ô Dieu, le son de ta menace.
Te reputant semblable à ces Dieux que lon fond,
Ou qu'en pierre & en bois les statuaires font,
Qui n'ont ame ny force, abominable ouurage,
A ceux mesmes à ceux qui leur vont faire hommage.
I'ay failli, i'ay peché, i'ay suiui les sentiers
Des Rois, qui reprouuez m'ont esté deuanciers:
Mais ie l'apprens trop tard, la saison est passée,
I'ay par trop dessus moy de Dieu l'ire amassée.
Ie chemine à la mort, ja mon supplice est prest,
On me va prononcer mon rigoureux arrest.
O l'incredulité de mon ame obstinee!
O piteux infortune! ô dure destinee!
Sa. Noble sang de Dauid tous nos regrets sont vains,
Nostre mal ne decroist pour nous en estre plains.
» Où le remede faut, rien ne sert de se plaindre:
» Il n'y pend que la mort, est-elle tant à craindre?
Se. Ie n'en ay point de peur, ie desire mourir,
Ie ne puis pour mon bien qu'à son dard recourir:

C'est mon port de salut, par qui sera ma vie
De tant d'aduersitez pour iamais affranchie.
,, C'est vergongne à vn Roy de suruiure veincu:
,, Vn bon cœur n'eust iamais son malheur suruescu.
Sa. Et qu'eussiés-vo⁹ peu faire? S. Vn acte magnanime,
Qui malgré le destin m'eust acquis de l'estime.
Ie fusse mort en Roy, fierement combatant,
La mort & la fortune à mes pieds abbatant.
,, Sa. Dieu conduit toute chose, & du ciel y commãde,
,, Nous n'auons rien mortels qui de luy ne depende.
,, Ces royales grandeurs, dont on fait tant d'estat
,, Luy sont comme vn roseau, de qui le vent s'esbat.
,, Se. Que nous sommes trompez, humaines creatures,
,, Qui flottons par ce monde auec tant d'auentures,
,, Que nous sommes trompez, cherchant la fermeté
,, En vn fresle bonheur, plein de legereté!
,, Sa. Et n'est-ce pas grãd cas, n'est-ce pas chose estrãge,
,, Qu'vne prosperité si promptement se change?
,, Helas! vous le voyez, nous le voyons tous deux,
,, Et que tout nostre bien est vn bien hazardeux.
Sc. Nous auons delaissé de Dieu la sainte voye,
C'est pourquoy des Gentils nous sommes faits la proye,
Que Iacob est esclaue, & que l'alme Sion
Pour iamais est tombee en desolation.
Sa. Au moins, Seigneur, pardonne à cette multitude,
A ce peuple ignorant ne luy sois point si rude:
Il ne sçait ce qu'il fait, le peché vient de nous,
Pardonne leur, pardonne, & nous puni pour tous.
Sc. Adouci toy, Seigneur, ne me sois trop seuere,
N'afflige les enfans pour le peché du pere,
Preserue-les de mal, que leur posterité

C.v.

LES IVIFVES,

Puisse vn iour rebastir nostre sainte Cité.
Sa. Or sus allons mourir, que ce prince infidelle
Estanche en nous la soif de son ame cruelle.
Ie mourrois moins dolent, si c'estoit pour l'honneur
Et non pour le mespris de Dieu nostre seigneur.
Sc. Las! c'est pour nos mesfaits & nõ pas pour sa gloire,
Ie n'ay onques voulu à ses Prophetes croire,
Qui m'ont par tant de fois ces esclandres predit,
Ains ie me suis moqué de tout ce qu'ils m'ont dit.
Voyez comme il m'en prend, peuple, ô peuple, qui estes
Comme moy, incredule à la voix des Prophetes,
Patronnez-vous à moy, de peur que sur vos chefs
Tombent à l'aduenir de semblables mechefs.
Sa. Mais voici le Tyran : ô Dieu le sang me glace
De voir son fier regard & sa tetrique face.
Sc. Pere, puis qu'il te plaist faire le chatiment
De nos impietez par iuste iugement,
Et que ta volonté maintenant ne s'accorde
De nous faire iouyr de ta misericorde,
Fay nous cette faueur de loger nos espris
Auec nos peres saints au celeste pourpris :
Expiant nos forfaits par vne mort seuere
Que nous fera souffrir ce Prince sanguinaire.
N. Que ie fusse en mon cœur si lâche & si remis,
Si foible de courage enuers mes ennemis,
Demeurant sans vengence, & trahissant la gloire
Et le fruit doucereux d'vne telle victoire?
Ils mourront, ils mourront, & s'il en reste aucun
Que ie vueille exempter du supplice commun,
Ce sera pour son mal : ie ne laisseray viure
Que ceux que ie voudray plus aigrement poursuiure :

TRAGEDIE. 30

A fin qu'ils meurent vifs, & qu'ils viuent mourans,
Vne presente mort tous les iours endurans.
　Mais ne les voy-ie pas? les voila mes rebelles,
Mes traistres, mes mutins, mes suiets infideles,
Amenez, attrainez: Hà rustres, ie vous tiens,
Vous estes à la fin tombez en mes liens.
　Toy, mechant desloyal, le pire de la terre,
Tu as induit ton peuple à me faire la guerre,
Apres t'auoir fait Roy, t'auoir au throne mis
De ton pere, & pour toy les iustes Rois démis:
Homme ingrat & pariure, abominable Prince,
As-tu pour mon loyer reuolté ma prouince?
Est-ce ainsi, malheureux, que tu le reconnois?
Est-ce ainsi que tu rens le bien que tu reçois?
Qui t'a mis en l'esprit de faulser ta parolle?
N'en faire non plus cas que de chose friuole?
De pariurer ta foy? seroit-ce point ton Dieu,
Ton Dieu, qui n'a credit qu'entre le peuple Hebrieu?
N'est-ce point ce Pontife, & ces braues Prophetes,
Les choses predisans apres qu'elles sont faites?
Respons traistre, respons, où t'es-tu confié
De guerroyer celuy qui t'a gratifié?
Se. Le Dieu que nous seruōs est le seul Dieu du monde,
” Qui de rien a basti le ciel, la terre & l'onde:
” C'est luy seul qui commāde à la guerre, aux assaus,
” Il n'y a Dieu que luy, tous les autres sont faux:
” Il deteste le vice, & le punist seuere,
” Quand il connoist sur tout que l'on y perseuere:
” Il ne conseille aucun de commettre vn meffait,
” Au contraire c'est luy qui la vengence en fait:
” Ses Prophetes il a, que par fois il enuoye

C.vi.

» Pour radresser son peuple, alors qu'il se desuoye:
» Par eux de nos mechefs il nous fait auertir,
» Afin qu'en l'inuoquant les puissions diuertir.
» Mais helas! bien souuent nostre ame est endurcie,
» Ne faisant conte d'eux ny de leur prophetie:
» Et c'est quand il nous laisse, & nous donne en butin
» Au peuple Assyrien, Arabe, ou Philistin.
» Autrement, soyez seur que toute force humaine,
» Quand il nous est propice, encontre nous est vaine.
Et qu'encor' vos soudars, bien qu'ils soyent indomtez,
Ne nous eussent iamais comme ils ont surmontez,
Sans qu'il a retiré de nous sa bien-vueillance
Pour nous faire tomber dessous vostre puissance.

Or vous ay-ie offensé, ie confesse ce poinct,
Ie vous ay offensé: mais qui n'offense point?
Ma vie est en vos mains, vengez-vous dessur elle,
Passez-moy vostre estoc iusques à la pommelle,
Et ce peuple sauuez, qui n'a fait autre mal
Sinon de se defendre & de m'estre loyal.
N. Tu as donc, malheureux, par ton ingratitude
Mis le glaiue en la gorge à cette multitude:
Quel supplice est sortable à ta mechanceté?
» Se. Vn supplice trop grief ressent sa cruauté.
» N. Peut-on estre cruel enuers vn tel pariure?
» Se. Côme en vne autre chose y faut garder mesure.
N. Tu en as bien gardé en me faulsant la foy.
Se. Faisant comme i'ay fait vous faudriez comme moy.
N. Ton crime est excessif. Se. Et gardez qu'excessiue
La vengence ne soit sur vne ame chettiue.
N. Penses-tu qu'on te traitte autremēt qu'en rigueur?
Se. Cela depend de vous, qui estes le vainqueur.

TRAGEDIE. 31

N. *Voire il depend de moy, qui suis ton aduersaire.*
„ S. *Le deuoir vous defend de m'estre trop seuere.*
N. *Seuere ? & quel tourment n'as-tu point merité?*
S. *Vous pesez mon merite & non ma qualité.*
N. *Quelle? tu n'en as point.* S. *Non par mõ infortune.*
N. *Sans que ie t'ay fait Roy, tu n'en aurois aucune.*
S. *I'estois au parauant fils & frere de Roy.*
N. *Ie t'ay baillé leur sceptre en t'obligeant à moy.*
S. *Ne leur estoy-ie pas successeur legitime?*
N. *I'eusse peu confisquer le royaume pour crime.*
S. *Qu'ainsi soit, ie suis Prince issu de sang royal.*
N. *Tu es Prince voir'ment, mais Prince desloyal.*
S. *En qui sçauriez-voº mieux mõstrer vostre clemẽce?*
N. *En celuy qui n'aura commis si griefue offense.*
S. *N'aurez-vous donque esgard à ma condition?*
N. *Ie ne veux de personne auoir acception.*
„ S. *Ne regardez au crime, ainçois à vostre gloire,*
„ *Soyez fier en bataille & doux en la victoire,*
„ *Vostre honneur est de veincre & sçauoir pardonner.*
„ N. *Mon honneur est de veincre & de reguerdonner.*
S. *Quel hõneur trouuez-vous à faire vn grãd carnage*
De ceux que la fortune a sauuez de l'orage?
Et qui chargez de fers & chetifs comme nous,
Implorent vostre grace embrassant vos genoux?
N. *Quelle grace veux-tu qu'à mes haineurs ie face?*
S. *Que voudriez qu'on vous fist estant en nostre place.*
N. *Comment? estant rebelle & traistre comme toy?*
Vn ingrat, un infame, un violeur de foy?
Plustost mille couteaux plongent en ma poitrine,
Plustost tombe sur moy la celeste machine.
Sc. *Sire considerez que tout homme mortel*

C.vij

LES IVIFVES,
» Peche cent fois le iour encontre l'Eternel,
» Qui sçait bien qu'en naissant nature nous y pousse.
» C'est pourquoy, le sçachāt, tāt moins il s'en courrouce.
Sire faites ainsi, vous estes en ce lieu,
Le temple, la vertu, la semblance de Dieu,
N'exercez dessur nous vn pouuoir tyrannique,
Ains sauuez pour le moins cette tourbe Hebraïque.
Ainsi le Tout-puissant soit à vostre secours,
Benisse vostre race, & l'assiste tousiours.
N. Tu as beau raisonner, ta peine est resolue:
Ce n'est de tes propos que parolle perdue.
Ie suis comme vn rocher, eleué sur la mer,
Que les flots ny les vents ne peuuent entamer.
On pourroit escrouler plustost la terre toute
Que de me démouuoir d'vne chose resoute.
Non vous serez punis, & l'infidelité
De vos cœurs receura le guerdon merité.
Se. Sus Tyran, homicide, assouui ton courage,
Enyure toy de sang, rempli toy de carnage:
Là bourreau ne te lasse, infecte l'air de corps,
Egorge les enfans, tire le cœur des morts,
Et le mange affamé, deueloppant ta rage
Pire que d'vn lion & d'vn tygre sauuage.
Tu n'as le cœur royal, & aussi n'es-tu pas
Sorti de noble race, ains d'vn lignage bas,
De la fange d'vn peuple, & d'vne main brigande
As couru l'Assyrie, où ta fureur commande.
N. Tu parles brauement, mais deuant que bouger,
Peut-estre on te verra de langage changer.
Se. Fay ce que tu voudras, monstre horrible, degorge
Tout le fielleux venin de ta vilaine gorge;

TRAGEDIE.

Ie ne te crains, bourreau, carnacier, massacreur,
Ie ne redoute plus ny toy ny ta fureur.
N. Tu sembles vn mâtin qui abaye & qui grongne.
Se. C'est toy-mesmes mâtin qui se pais de charongne.
Empoignez-le Soudars, & le tirez d'ici,
Ie ne tarderay guere à le rendre adouci.
Se. Cherche nouueaux tourmés, & sur moy les deploye,
Consulte tes bourreaux, tout cela ne m'effroye.
N. Le desespoir qu'il a le rend audacieux,
Ou bien pour m'emouuoir il fait le furieux:
Mais son effort est vain, il ne sçauroit tant faire
Qu'il euite sa peine, elle est trop exemplaire.

Chœur.

Pauures filles de Sion
   Vos liesses sont passees,
   La commune affliction
   Les a toutes effacees.
Ne luiront plus vos habits.
   De soye auec l'or tissue,
   La perle auec le rubis
   N'y sera plus apperceue.
La chaisne qui deualoit
   Sur vos gorges iuoirines
   Iamais comme elle souloit
   N'embellira vos poitrines.
Vos seins, des cedres plorans
   En mainte larme tombee
   Ne seront plus odorans,
   Ny des parfums de Sabee.
Et vos visages déteints
   De leur naturel albâtre

LES IVIFVES,
N'auront souci que leurs teints
　　Soyent peinturez de Cinabre.
L'or crespé de vos cheueux
　　Qui sur vos tempes se ioue
　　De mille folastres nœux
　　N'ombragera vostre ioue.
Nous n'entendrons plus les sons
　　De la soupireuse lyre,
　　Qui s'accordoit aux chansons,
　　Que l'amour vous faisoit dire.
Quand les cuisantes ardeurs
　　Du iour estant retirees
　　On dançoit sous les tiedeurs
　　Des brunissantes soirees.
Et que ceux-la, dont l'amour
　　Tenoit les ames malades,
　　Faisoyent aux Dames la cour
　　De mille douces aubades,
Contant les affections
　　De leurs amitiez fideles,
　　Et les dures passions
　　Qu'ils souffroyent pour l'amour d'elles.
Las! que tout est bien changé,
　　Nous n'auons plus que tristesse,
　　Tout plaisir s'est estrangé
　　De nous, & toute liesse.
Nostre orgueilleuse Cité
　　Qui les citez de la terre
　　Passoit en felicité,
　　N'est plus qu'vn monceau de pierre.
Dessous ses murs démolis,

Comme en communs cimeteres,
Demeurent enseuelis
La plus grand part de nos freres.
Et nous, malheureux butin,
Allons soupirer captiues,
Bien loing dessous le matin,
Sur l'Eufrate aux creuses riues.
Où confites en tourment,
Toute liberté rauie,
En pleurs & gemissement
Nous finirons nostre vie.

Le Preuost de l'hostel. Amital. Les Roynes.

Le P.r.

Pleust aux Dieux immortels de n'auoir onque esté,
Plustost qu'estre reduit à ceste extremité,
D'obeir aux fureurs d'un tyrannique maistre,
Ou refusant ma charge en sa defaueur estre.
» O qu'heureux est celuy qui vit tranquilement
» En son petit mesnage, auec contentement.
Il ne voit tant d'horreurs commettre en sa presence,
Il ne voit esgorger vne foiblette enfance,
Et les Rois desastrez en miserables serfs
Couchez dessus la paille accrauanter de fers.
Le cœur m'en attendrist, & croy qu'il n'est personne,
Quelque cruel qu'il soit, qui ne s'en passionne.
Mais mon malheur est tel, dont plus ie me complains,
Qu'à ces immanitez me faut mettre les mains.
Il me vient de commettre, ô chose miserable!
Pour enleuer d'vn Roy la race lamentable,
Voulant qu'aux yeux du pere on la face meurtrir,

LES IVIFVES,

A fin de le contraindre à d'autant plus souffrir.
Ie ne pourroy porter les complaintes ameres
Et les cris eclattans de leurs dolentes meres:
Partant me faut couurir cet outrageux dessein,
Et les trompant, en feindre vn autre plus humain.
R. *Qui* est ce gentilhomme, ayant le front si sombre?
A. Las! ie crais qu'il ne viëne annōcer quelque encōbre.
R. Non fera, si Dieu plaist, ie n'en ay point de peur.
A. Helas! si ay bien moy, i'en tremble dans le cœur.
R. Dieu nous vueille estre en aide. A. Ainsi soit. P. I'ay
    grand'ioye
De voir qu'vn si grand Roy sa clemence deploye.
R. Il ne vient point pour mal, Madame, asseurōs-nous.
P. I'eusse pensé qu'il deust les perdre en son courroux.
A. Resiouy toy, mon ame, & donne à Dieu louange.
P. Comme le cœur des Rois en vn moment se change!
R. Abordez-le Madame. A. Hé la peur me retient.
P. De leur rebellion plus il ne luy souuient.
Ne voy-ie pas la Royne? A. Et quoy? vostre venue
Est elle pour destresse encores suruenue?
Nous veut-on point occire? ou d'iniustes rigueurs,
Apres tant de trauaux, renforcer nos langueurs?
Dites-nous, ie vous pri, la fortune outrageuse
Nous rendra desormais toute chose douteuse.
P. Ne soyez en esmoy, vostre mal a prins fin,
Le Roy s'est appaisé, c'est vn Prince benin.
A. Et mon fils Sedecie? P. Il estoit à cette heure
Deuisant auec luy. A. Las pourueu qu'il ne meure!
P. Ha vraymēt il n'a garde. A. Hé que i'en prēs d'ēnuy:
P. Il verra trespasser meint autre deuant luy:
A. Dieu nous le vueille rēdre. R. Et noˢ autres captiues?
P. Vous reuerrez bien tost vos paternelles riues.

TRAGEDIE. 34

R. O vray Dieu quand sera-ce? et quãd viẽdra le iour
Le iour tant desiré de nostre heureux retour?
A. Et ces petits enfans, si tendrelets encore,
Qu'en veut-il estre fait? P. C'est pourquoy ie viens ore.
R. Hé, bon Dieu qu'est-ce-là! P. Le Roy vous cõseruant
Aux droicts de vostre sceptre, ainsi qu'auparauant,
Et remettant l'iniure à sa maiesté faite,
Vous veut tenir suiets, & vostre foy suiette.
A. Qu'il n'ait peur que iamais nous mãquõs de deuoir.
P. Il veut pour s'asseurer des hostages auoir.
R. Quoy? ces petits enfans? P. Ce sõt ceux qu'il demãde.
R. Las! que tout autre cas plustost il nous commande.
Retienne le royaume, & nous-mesmes plustost,
Que rauir nos enfans, les tenir en depost.
Auroit-il bien le cœur de priuer vne mere
De son cher enfançon, qui est son ame chere?
Plustost plustost la mort, la mort nous aimons mieux.
Qu'il nous face plustost mourir deuant ses yeux.
P. Et quoy? sçauroyẽt-ils estre en lieu plus honnorable?
R. Las! ils ne sçauroyẽt estre en lieu moins souhaitable.
P. En la court d'vn grand Roy, royalement nourris
Auecques ses enfans, & des princes cheris.
A. Excusez s'il vous plaist la tendreur maternelle.
P. Las! ie l'excuse bien, c'est chose naturelle.
A. I'ay crainte que mon fils en porte desplaisir.
P. N'en ayez point de peur, c'est son plus grand desir.
C'est pour sa deliurance & pour leur auantage:
C'est luy mesme, c'est luy qui les offre en hostage.
Hà qu'il y a de Rois qui seroyent trionfans,
S'ils auoyent ce credit d'y mettre leurs enfans,
Pour auoir mesme table auec nos petits Princes,

Qui les feront vn iour gouuerneurs des Prouinces,
Les chefs de leur conseil, aimez des grands seigneurs,
Qui les suiuront par tout, mendiant leurs faueurs.
En gloire ils paroistront sur les tourbes menues,
Comme luisants Soleils qui escartent les nues,
Comme vn mont esleué sur les petits coûtaux,
Ou vn Cedre au Liban sur les arbres moins hauts.
Que vous aurez de ioye, alors qu'on viendra dire
Que vos enfans tiendront les resnes de l'empire:
Regiront les Medois, & les peuples qui sont
Les premiers œilladez du Soleil vagabond.
Non non, ne craignez point, ne portez point d'enuie
A l'heureuse fortune où le Roy les conuie:
Liurez-les vistement sans plus deliberer.
〝 Quand vn bien se presente il ne faut differer.
A. Allez donc mes enfans, allez à la bonne heure,
Que par vous Sedecie en prison ne demeure,
Allez alaigrement, mes filles : & pourquoy
Gemissez-vous ainsi? qui cause vostre esmoy?
R. Qui pourroit retenir ses larmes ruisselantes?
Pourrions-nous en ce mal n'estre point larmoyantes?
Ne point gemir voyant nos enfançons rauir,
A fin de les occire, ou les faire seruir?
O que nos lits nopciers eussent esté steriles!
Puisque nous deuions estre & nos enfans seruiles.
A. Helas! que voulez-vous? il nous faut endurer,
Voudriez-vous maintenant contre Dieu murmurer?
Ha qu'il ne le faut pas, gardez-vous, en mes filles,
Sa volonté se face en nous & nos familles.
P. Vous ne deuez plorer, sinon que les grandeurs
De vos enfans vous soyent iuste cause de pleurs.

TRAGEDIE. 35

R. Nous pleurons à bō droit, nos malheurs sōt pleurables,
Permettez nous pleurer nos enfans miserables,
Nous ne les verrons plus: hé les pauures petis,
Que feront ils sans nous entre vos mains captis?
A. Ils iront, hostagers, décaptiuer leur pere.
P. Mais ils l'iront remettre au thrône hereditaire.
R. Que c'est chose douteuse! A. Et mais quoy? pouuons (nous
Autrement esperer de r'auoir vostre espous?
R. Nous ne l'esperons point. P. N'en ayez defiance.
A. Ie ne l'espere aussi que sur vostre asseurance.
P. Confiez-vous à moy, qu'il ne verra iamais
De la grand' Babylon les murs ny les palais.
A. Mes filles, vous voyez qu'il n'y a point de feinte,
Que sa parole est vraye, & sa promesse sainte.
Car qui le contreindroit de feintement vser
De propos mensongers, & de nous abuser?
Pour prendre nos enfans il n'a besoing d'amorce,
Il les peut emmener sans cautelle ne force.
Qui l'en empescheroit? quel obstacle auroit-il?
Tout nostre foible effort y seroit inutil.
Nous n'auons entre nous pour recours que les larmes,
Les plaintes & les cris ce sont nos seules armes.
Ainsi, mes cheres Brus, nous ne deuons douter
De bailler ces enfans qu'il nous pourroit oster.
R. Or allez de par Dieu chetines creatures,
De vostre geniteur courez les auantures,
Viuez serfs comme luy, vous estes bien ieunez.
Mais ja comme forçats vous estes emmenez:
Au moins que vos prisons le tirent de seruage!
Sçauroit-on de sa foy prendre vn plus certain gage?
Et vous, ô mes enfans, sçauriez-vous au bon Dieu

Requerir de meilleur, qu'estre mis en son lieu?
O que, pour vous, le Roy toutes nous voulust prendre!
Et piteux, espargner vostre ieunesse tendre!
Nous irions volontiers, irions nous presenter
A souffrir tous les maux qu'on pourroit inuenter.
A. Or adieu, mes mignons, adieu mon esperance,
Adieu de tant de Rois l'heroique semence,
Race du bon Dauid ie ne vous verray plus,
Vous serez loing de nous en vn serrail reclus.
Puis de mes ans vieillards la trame est acheuee,
Au bout de mes trauaux ie suis presque arriuee:
Et long temps, du Soleil, qui me luist ennuyeux,
Les rayons etherez n'esclaireront mes yeux:
Outre, que tant de maux ont mon ame outragee,
Qu'il luy tarde qu'ell' n'est de son corps desgagee.
Adieu donc ma lumiere, adieu pour tout iamais,
Car ie n'espere pas vous reuoir desormais.
P. Pour neant vous plorez, & que seruent vos pleintes?
R. Nous sommes de douleur à larmoyer contreintes.
P. Plustost esgayez-vous, qui vous peut effrayer?
„ *R. Quiconque est en malheur ne se peut esgayer.*
Enfans, souuenez-vous de vous rendre agreables,
De seruir vos seigneurs, de n'estre intolerables,
Superbes ny fascheux : las! ce n'est pas à vous
De vous enfler de gloire, ains de complaire à tous.
„ *A. Mais sur tout, mes enfans, ayez de Dieu memoire,*
„ *Seruez-le en vostre cœur, ne tendez qu'à sa gloire,*
„ *Cheminez en sa voye & n'en soyez distraits*
„ *Ny pour commandemens qui vous en seront faits,*
„ *Ny pour crainte de mort : souffrez la mort cruelle*
„ *Plustost cent fois, que d'estre à vostre Dieu rebelle.*

TRAGEDIE. 36

» N'adorez qu'un seul Dieu qu'un seul Dieu seulemẽt
» Qui a fait mer & terre auec le firmament,
» Qui peut tout, qui fait tout, immortel, impaßible,
» Qui ne se peut comprendre, à nos yeux inuisible,
» Aimez-le & l'honnorez, craignez de l'offenser,
» Aux faux Dieux des Gẽtils gardez-vous d'encẽser,
» Il en seroit ialoux : car pour certain il n'aime
» Qu'ŏ leur face l'hŏneur qui n'est deu qu'à luyméme.
» C'est luy qui nous fait viure, & qui pour nostre biẽ
» En six iours a basti tout ce monde de rien.
» Ne l'oubliez iamais, mes enfans, ie vous prie,
» Et tant que vous viurez fuyez l'idolatrie.
Adieu mon cher souci, vous me fendez le cœur,
Ie transis de pitié, ie pers force & vigueur,
Ie me sens affoiblir : si est-ce helas ! si est-ce
Que ie veux vous baiser deuant que ie vous laisse !
R. O malheureux destin ! ô fiere cruauté !
Deplorable grandeur ! chetiue royauté !
Que la mort n'a plustost deuidé nostre vie !
Que n'a nostre pauure ame esté plustost rauie !
On vous emmeine, enfans, on vous emmeine helas,
Et vous ne serez plus pendans entre nos bras
Nous baisotant le sein de caresses mignardes,
Et tirant nos cheueux de vos mains fretillardes,
Parlant vostre enfantin, & les heures passant
Auec vos compagnons en esbat innocent.
Que nous baisions vos yeux & vos bouches tendrettes,
Helas ! vous nous laissez à ces riues seulettes.

Chœur.

» Las ! c'est grand cas qu'on ne trouue personne
» De courage assez haut,

Qui la fortune & malheureuse & bonne
Supporte comme il faut,
Sans se troubler de ses presens volages,
Qui n'arrestent non plus
Que l'Ocean, qui mouille ses riuages
De flus & de reflus.
Car le bonheur ou l'enfle outre mesure,
Quand il le va flatant:
Ou du malheur, suruenant d'auanture,
Il se rabaisse autant.
Ainsi, selon que fortune est muable,
Nous le sommes aussi,
Comme elle change, aduerse ou fauorable,
Nous changeons tout ainsi.
Rien d'arresté ne se voit en ce monde,
On y brouille tousiours,
Le ciel, la terre, & la mer vagabonde,
Se changent tous les iours.
Si maintenant le ciel est sans nuage,
Serein en son contour,
Incontinent vous verrez un orage
Nous embrunir le iour:
Et si la mer en tempeste foudroye
Contre les rocs battus,
En moins de rien nous la reuerrons coye,
Et les vents abbatus.
Ainsi la terre est ores soleillee,
Poudroyante d'ardeur,
Ore est humide aux entrailles mouillee,
Ore a trop de froideur.
Toy que fortune accompaigne riante,

Bien-heurant

TRAGEDIE. 37

»   *Bien-heurant tes desseins,*
»   *Crains qu'elle tourne, & te plonge inconstante*
»   *En desastres soudains.*
» *Ne t'orgueillis de l'heur de ta victoire,*
»   *Car c'est vn don de Dieu,*
»   *Qu'il peut reprendre, & t'en ostant la gloire,*
»   *Mettre vn malheur au lieu.*
» *Car luy qui maistre & terre & ciel tempere,*
»   *Qui tout fait & defait,*
»   *Comme il est bon, asprement se cholere*
»   *D'vn tyrannique fait.*
» *Et c'est pourquoy, variant la fortune,*
»   *Qui de sa dextre part,*
»   *Apres vn bien depart vn infortune,*
»   *Puis autre bien depart.*
» *Car il s'aigrist, quand il voit que sa grace*
»   *Nous rend audacieux,*
»   *Puis quand il a rabatu nostre audace,*
»   *Il serene ses yeux.*
» *Celuy prudent, la fortune modere*
»   *En ses instables tours,*
»   *Qui en malheur vn meilleur temps espere,*
»   *En bon heur craint tousiours.*
Mais Babylon n'en vse en ceste sorte,
   Que la prosperité
   En arrogance & cruauté transporte
   Sans peur d'aduersité.
Se baigne au sang du peuple Israëlite,
   Non contente d'auoir
   Par glaiue & feu Ierusalem destruite
   Tombee en son pouuoir.

                                           D.j.

LES IVIFVES,

Sur nous veincus elle vomiſt ſa rage,
   Et n'a, cruelle, horreur
De deployer ſur le royal lignage
   Sa brutalle fureur.
Mais Dieu qui iuſte a voulu noſtre offenſe
   Chaſtier par ſes mains,
   Ne laiſſera, bien que tard, ſans vengence
Ses meurtres inhumains.

ACTE V.

Le Prophete.   Amital.   Les Roynes.
             Proph.

O Barbare, cruel, homme auide de ſang!
   Qu'vne Tygre felonne a porté dans ſon flanc,
Ennemi des mortels & leur commune peſte,
Execrable inſtrument de la rancœur celeſte,
Que tu es impiteux! que tu es ſans merci!
Que tu as en rigueur le courage endurci!
Penſes-tu qu'il y ait vn Dieu deſſur ta teſte,
De tonnerres armé, d'eſclairs & de tempeſte,
Vengeur de cruautez? Et encor, penſes-tu
Qu'il ſoit, comme tes Dieux, vn bronze ſans vertu?

   Ie t'atteſte, Eternel, à ſecours ie t'appelle,
Spectateur des forfaits de ce Prince infidelle,
Deſcens dans vne nuë, & auec tourbillons,
Greſle, tourmente, eſclairs, briſe ſes bataillons,
Comme on te vit briſer la blaſphemante armee
Du grand Sennacherib, à nos murs aſſommee:
Et le chef de ce Roy foudroye aux yeux de tous,
Qui ſuperbe ne craint ny toy ny ton courroux.
Trouble le ciel de vents, qu'en orage il noirciſſe,
Qu'il ſ'empliſſe d'horreur, que le Soleil palliſſe,

TRAGEDIE. 38

Que le feu qui brusla les deux enfans d'Aron,
Qui brillant consomma les fauteurs d'Abiron,
Qui deuora les murs de Sodome & Gomorrhe,
Descende, petillant, & ces bourreaux deuore.

 Es-tu Dieu de Iuda, pour sans fin l'affliger?
Pour nous donner sans cesse en proye à l'estranger?
Englouti-nous plustost dans les terrestres gouffres,
Fay nous fondre aux enfers, plustost que tu nᵒ souffres
Opprimer des Gentils, lesquels ne font sinon,
Ton peuple bourrelant, que blasphemer ton nom.
Ils se gaussent de toy, ta force mesprisee
Par nos aduersitez leur sert d'vne risee.
Et c'est ce qui nous grêue en nostre affliction,
C'est de nos passions l'extreme passion.
A. *Hà bon Dieu!* P. *L'arrogant pense que son espee*
Ait contre ton vouloir nostre terre occupee.
En est plus outrageux, n'attribuant qu'à soy
Qu'à soy, tout le bon-heur qu'il a receu de toy.
Las! i'ay crainte. R. *Il y a quelque nouuel esclandre.*
P. *Bourreler des enfans en vn âge si tendre!*
R. *O piteux accident!* A. *O dure cruauté!*
R. *Hé hé.* A. *O Roy pariure! ô la desloyauté!*
P. *Et encor les meurtrir deuant les yeux du pere!*
R. *O bourreau de monarque!* A. *O beste sanguinaire!*
P. *Pauures Dames, comment pourrez-vous supporter*
Vn si funeste encombre, & moy le rapporter?
A. *Hà Dieu quel desconfort!* R. *Hé hé chetiues meres,*
Meres pleines de dueil, d'esclandre & de miseres.
P. *Ce mal est incredible, il n'y faut point de pleurs:*
„ *Les pleurs et les soupirs sont pour maindres douleurs.*
A. *O mechant! detestable! as-tu bien le courage*

         D.ij.

De rauir des enfans pour les mettre au carnage?
R. Hà le monstre infernal! P. Il a faict pirement.
A. Pirement? & en quoy? las! dites-nous comment.
P. Derriere le chasteau, où le bruyant Oronte
Coule en le trauersant d'vne carriere promte,
S'estend vne grand' place, enfermee à l'entour
D'vne longue muraille, où flanque mainte tour:
Là les Rois Syriens, quand ils vouloyent s'esbatre,
Enfermoyent les lions, pour les faire combatre:
Le Roy, que la fureur embrasoit au dedans,
Comme vn bucher farci de gros charbons ardans,
Y entre forcené, monstrant à son visage,
Et à ses yeux affreux, l'horreur de son courage.
Fait venir nostre Roy, palle, maigre, hideux,
Et les princes du peuple, attachez deux à deux:
Le poil long & meslé leur tomboit sur la face,
Leur barbe mal pignee espoississoit de crace,
Leur dos courbé plioit sous le feruile poix
Des chaisnes qui serroyent leurs bras couchez en croix,
Les iambes leur enfloyent sous les fers escorchees,
Et leur sein degoutoit de larmes espanchees.
A. O spectacle funebre! R. O vainqueur inhumain!
A. Peut vn Roy si felon auoir vn cœur humain?
P. Helas! ce n'est pas tout, car tout soudain nous vismes
Presenter vos enfans comme simples victimes.
Si tost que Sedecie entrer les apperceut,
Transporté de fureur, se contenir ne sceut,
Il s'eslança vers eux, hurlant de telle sorte
Qu'vne Tygre, qui voit ses petits qu'on emporte.
Les pauures Enfantez auec leur dois menus
Se pendent à son col & à ses bras charnus,
Criant & lamentant d'vne façon si tendre,

Qu'ils eussent de pitié fait vne roche fendre.
Ils luy leuoyent les fers, & d'efforcemens vains,
Taschoyent de luy saquer les menottes des mains,
Les alloyent mordillant, & ne pouuant rien faire,
Prioyent les assistans de deferrer leur pere.
  Luy, ayant le parler arresté de sanglots,
S'entre-poussant l'vn l'autre aussi dru que les flots
D'vne mer courroucee, esleuoit, pitoyable,
Ses yeux enflez de pleurs vers le ciel implacable,
Le corps roide & transi, comme si le tourment
Eust de son ame osté tout humain sentiment.
Chacun en eut pitié: nos plus durs aduersaires
Ne peurent, sans plorer, regarder ces miseres.
Les vns se retiroyent, ou destournoyent les yeux,
Les autres, gemissans, detestoyent terre & cieux,
Se battoyent l'estomac, grinçoyent les dents de rage,
Et bas, contre leur Roy vomissoyent maint outrage.
  Mais luy non plus esmeu, que le cœur d'vn rocher,
Les fait des bras du pere outrageux arracher:
Puis d'vn regard meurtrier le guignant se renfrongne,
Descouurant son dessain par son austere trongne.
Luy reproche les biens qu'il auoit eus de luy,
Qu'il l'auoit toutefois delaissé pour autruy,
Comme vn traistre, vn ingrat, vn rebelle, vn pariure,
Mais qu'il veut son forfait payer auec vsure.
  Quand il luy eut tout dit ce qu'il auoit vouloir,
Il commande aux bourreaux de faire leur deuoir.
Lors le cœur nous transit, le sang de nostre face
S'escoula dans le sein, nostre front deuint glace,
Nous tremblons esperdus, comme fueilles aux bois,
Et sentons au gosier attacher nostre voix.

                D.iij.

Vn silence, vn effroy par les troupes se glisse,
Nous palissons d'horreur, tout le poil nous herisse.
Que ie taise le reste : helas ! ie n'en puis plus :
Quelque autre suruiendra qui dira le surplus.
A. Acheuez ie vous pri'. R. Ne nous laissez en doute.
A. Ie desire sçauoir ce que plus ie redoute.
P. Le pontife Sarree, à ce commandement,
Se presente au bourreau sans espouuantement,
Met les genoux à terre, eleue au ciel la veuë,
Prie à Dieu que son ame aux saints lieux soit receuë,
Qu'il vueille par pitié ses fautes oublier,
Et du ioug des Gentils son peuple deslier.
Cette parolle à peine il auoit acheuee,
Que la teste luy est de son col enleuee.
Le sang tiede jaillit, qui la place tacha,
Et le tronc immobile à terre trebucha.
A. R. Misericorde! P. Alors, vne grande allegresse
Saisist les condamnez, chacun d'eux s'entrepresse
Pour courir à la mort, tous s'y viennent offrir,
L'vn veut preuenir l'autre & le premier souffrir.

 Qui a veu quelquefois, quand vne ville prise
Par l'ennemy veinqueur est au pillage mise,
Le peuple espouuanté, pour la mort euiter,
A la foule, à la foule aux portes se ietter,
S'estouffer, se gachir, à cause du grand nombre
Des fuyars accourus, qui s'entresont encombre.
Cestuy-là se pourroit representer l'effort,
Que ces Seigneurs faisoyent de se haster la mort.

 Le tyran eut despit en son ame bourrelle
De leur voir au martyre vne asseurance telle,
Et tost se repentit de les auoir contraints
D'eschapper par la mort ses violentes mains.

TRAGEDIE. 40

R. Helas! mais nos enfans? A. Helas! mais Sedecie?
P. Cela n'a du Tyran la rancœur adoucie,
Ains forcenant plus fort, & se voulant gorger
Du sang de vos enfans, les fait tous egorger.
R. O monstre abominable! P. Et ce pendant le pere
Voyant choir à ses pieds sa geniture chere,
Qui l'appelle en mourant, & qui luy tend les bras,
Transpersé de douleur, donne du chef à bas,
S'outrage de ses fers, se voître contre terre,
Et tasche à se briser le test contre vne pierre,
Rugist comme vn lion, ronge ses vestemens,
Adiure terre & ciel, & tous les elemens.
Puis voyant les bourreaux à la hideuse face,
Teints de sang s'approcher, humblemēt leur rend grace
De venir terminer par vne prompte mort
L'indomtable fureur qui ses entrailles mord.
Mais eux branlans le chef, & montrant à leur trongne
Qu'ils s'alloyent empescher à vne autre besongne,
L'estendent sur le dos, la face vers les cieux,
Et luy cernent d'vn fer la prunelle des yeux.
A. O cruauté barbare! ô prodige du monde!
R. O fiere Babylon, en outrages feconde!
A. O trop seuere ciel! R. O vengence de Dieu!
O Dieu trop implacable enuers le peuple Hebrieu!
A. Las que ferons-nous plus? que ferons-nous plus ores?
Qu'auons-nous que la mort pour requerir encores?
Vien mort, vien mort heureuse! & ne viendras-tu pas?
Tu cours à tant de gens qui craignent le trespas,
Et tu me fuis dolente! aumoins vien à cette heure,
Il est temps, si iamais, il est temps que ie meure.
　Mes filles soupirez, pleurez, soyez en deul,
Ayez durant vos iours cet exercice seul.

LES IVIFVES.

Vos enfans sont occis, vostre espoux venerable
Deplore entre ses fers son destin lamentable.
Ses iours sont aueuglez, & vous allez errant
Entre vne tourbe serue à ces bords soupirant.
Mes filles soupirez, & lamentez sans cesse,
Alambiquez en pleurs vostre belle ieunesse.
Dediez-vous au mal, & ne pensez, helas!
Tandis que vous viurez auoir autre soulas.
Mes filles soupirez, plorez vos infortunes,
Cõme ils ne sont cõmuns ne soyent vos pleurs cõmunes:
Ie vous plains plus que moy, qui viurez plus lõg tẽps,
Et qui estes encore en vostre beau printemps.
Mais pleurez, soupirez, & que le temps n'essuye
L'eau tombant de vos yeux en vne large pluye.
R. O desastres cruels! ô rages! ô fureurs!
O detestables faits! ô Scythiques horreurs!
O la desloyauté d'vn monstre sanguinaire!
O des Rois ensceptrez l'eternel vitupere!
O meurtrier d'innocens! ô pariure! bourreau!
Qui au sein des enfans enfonces le couteau,
Esgorge esgorge nous, ne te feins homicide,
Vien amortir ta soif de nostre sang liquide:
Nos enfans n'en auoyent pour te ressasier,
Pren le nostre & le boy, nous tendons le gosier.
A. Est-ce ainsi qu'ils deuoyent demeurer en hostage,
Et le Roy leur seigneur deliurer de seruage?
Est-ce ainsi qu'ils deuoyent de l'Asie ordonner
Quand ils seroyent en âge, & les Rois gouuerner?
O propos mensongers! ô promesse trompeuse!
O desloyal courage! ô fraude malheureuse!
R. Hé cruel! tu disois que le Roy ne mourroit,
Et que iamais, captif, Babylon ne verroit:

TRAGEDIE. 41

O que tu diſois vray! car iamais de ſa veuë
Ne ſera Babylon ny autre cité veuë.
O miſere! ô mechef! pauure Roy aueuglé,
Par ton malheur le noſtre eſt du tout redoublé.
Employons noſtre vie à ſoupirer & plaindre
Puiſque nous n'auons plus qu'eſperer ny que craindre.
A. O Dieu, qui vois du ciel nos eſclandres diuers,
Tout ainſi que te ſont nos forfaits deſcouuers,
Qui des Preſtres ſacrez à ta gloire immortelle
Viens de voir icy bas l'occiſion cruelle,
Ne puniras-tu point ce Roy perſecuteur,
Bien que de ta cholere il ſoit l'executeur?
Le ſang des innocens iuſqu'à ton thrône monte,
Se preſente à tes yeux, las! n'en feras-tu conte?
R. Pluſtoſt fay nos meurtrir, fay nos meurtrir pluſtoſt,
Nous n'auons plus deſir que de mourir bien toſt.
A. Il faut auparauant que noſtre ſoing procure
Que les corps treſpaſſez ſoyent mis en ſepulture,
De peur qu'ils ſoyent la proye & des loups affamez
Et des corbeaux bécus, s'ils n'eſtoyent inhumez.
R. Allons, madame, allons, nous ſommes toutes preſtes
Pour garder nos enfans de la gueule des beſtes.
Qui fournira de pleurs à nos yeux tariſſans?
Qui fournira de force à nos corps languiſſans?
Quels funebres ſoupirs tirez de nos entrailles
Pourront ſuffire au dueil de tant de funerailles?
A. Or allons de par Dieu, rendons leur ce deuoir,
Et puis face de nous la Parque ſon vouloir.
Ce nous ſera grand heur ſi la mort nous enferre,
Sans voir de Babylon l'iniurieuſe terre.
P. Helas! Dames helas! iamais affliction
Si eſtrange ne fut à filles de Sion.

Las! qu'il faut bien que Dieu ait la poitrine pleine
D'un amas de courroux, pour lancer telle peine
Contre son peuple esleu! qu'il faut bien que son cœur
Fust de long temps espris de mortelle rancœur!
Tu reçois, Israel, les rigoureux salaires
De tes propres pechez & de ceux de tes peres,
Tu endures pour eux. Mais quoy? ne voy-ie pas
Nostre infortuné Roy tourner icy ses pas?
Ha chose pitoyable! un Roy de la semance
Du fidelle David estre en telle souffrance!
Comme ses yeux esteints vont decoulant à val
Le sang au lieu de pleurs, par leur double canal!
Las! que c'est grand pitié! vray Dieu comme il soupire.
Ha qu'il souffre, ha qu'il souffre un ãgoisseus martyre!

Sedecie. Le Prophete.

S. *A Stres, qui sur nos chefs eternels flamboyez,*
Regardez mes tourmens, mes angoisses voyez,
Mes yeux ne verront plus vostre lumiere belle,
Et vous verrez tousiours ma passion cruelle.
Vous me verrez un Roy privé de liberté,
De royaume, d'amis, d'enfans & de clairté.
Qui est si miserable? autour de ceste masse
Voyez-vous un malheur qui mon malheur surpasse?
P. *Non, il est infini, de semblable il n'a rien,*
„ *Il en faut louer Dieu tout ainsi que d'un bien.*
Se. *Tousiours soit-il benist, & que par trop d'angoisse*
Iamais desesperé ie ne le deconnoisse.
Ie sçai bien que ie l'ay mille fois irrité,
Que i'ay trop iustement mes peines merité,
Que i'ay son ire esmeue, & que par mon seul crime
I'ay incité à mal toute Ierosolyme.
Ie suis cause de tout, ie le sçai, mais pourquoy

TRAGEDIE. 42

Me fait-il torturer par vn pire que moy?
Par ce Roy Chaldean qui rien ne le redoute,
Qui sa grace n'inuoque, ainçois qui la reboute?
P. Et ne sçauez-vous pas qu'il le fait tout expres,
Le souffre en ses horreurs, pour l'en punir apres?
» Il vse de sa dextre à venger son cholere,
» Comme fait d'vne verge vne prudente mere
» Enuers son cher enfant, quand vne mauuaitié
» Qu'il a fait à quelqu'vn veut qu'il soit chatié:
» Car apres cet vsage en la flame on la rue,
» Ou auecques mespris est en pieces rompue.
» Ainsi Dieu vengera les massacres commis
» Par ce Roy carnassier bien qu'il les ait permis.
Les maux qu'il nous a faits il luy sçaura bien rendre,
Et quelquefois sera Babylon mise en cendre.
Se. Qu'ainsi puisse auenir, & qu'elle sente vn iour,
Qu'elle y pensera moins, nos malheurs à son tour.
» Qu'elle entende qu'au monde il n'est riē perdurable,
» Qu'il n'y a qu'vn seul Dieu qui ne soit perissable.
» Qui hait les cruautez, de carnages comblant
» La maison de celuy qui ha le cœur sanglant.
P. Non non, asseurez-vous qu'vne estrangere race
En bref rabaissera son orgueilleuse audace.
Comme foudres ie voy les peuples d'Aquilon
Aborder par milliers sur ton chef, Babylon.
Ie voy les morions esclatter sur leurs testes,
Les scadrons indomtez bruire comme tempestes,
De piques herissez, faisant de leurs bouclairs
Comme d'vn ciel sortir vn orage d'éclairs.
Ie les voy ia camper autour de tes murailles,
Briser tours & rempars, remplir de funerailles
Tes temples & maisons, tes vierges captiuant,

Et au sang des occis leurs cheuaux abreuuant.
   Toy qui le temple saint de nostre Dieu supreme
As cruel profané, vomissant maint blaspheme
Contre sa maiesté, qui reueré n'as point
Celuy qu'il a pour Roy par ses Pontifes oint,
Qui ses prestres as mis au tranchant de l'épee,
Qui l'as dans le gosier des innocens trempee,
Te voîtrant sur leurs corps, prendras, homme sanglant,
La figure d'vn beuf pasturant & buglant.
Dieu le veut, Dieu l'ordonne, & par moy son Prophete
Predit sa volonté deuant qu'elle soit faite.
Se. O seigneur nostre Dieu, ton cœur soit adouci
Vers ton affligé peuple, & le pren à merci,
Tire ses pieds des ceps, & clement le deliure,
Ne le souffre long temps les idolatres suiure.
P. Le Soleil septante ans dessur nos chefs luira
Tandis qu'en Babylon Israel seruira,
Mais le cours acheué de ses dures annees,
Ses infelicitez se verront terminees.
Vn Roy Persan viendra, plein de benignité,
Qui fera rebastir nostre antique cité,
Ses tours s'eleueront & ses murailles fortes,
Les portaux redressez se fermeront de portes:
Et au temple deuôt par nous redifié,
Dieu mieux qu'auparauant sera glorifié,
Les autels fumeront de placables hosties,
Et seront des faux Dieux nos ames diuerties.
Quelques siecles apres le Seigneur enuoyra
Son Christ, qui les pechez des peuples netoyra,
Destruisant les Enfers, & desiré Messie
Nous viendra mettre fin à toute Prophetie.

       FIN.